01 LA BOÎTE À COUTURE

Grande ou petite, en ... ds et de casiers pour tout ranger ou plus basi... grand-mère ou bien composée au fil des ouvrages, ... dispensable à tout couturier.

LES OUTILS DE P...

La courbe flexible : pour être précis, utilisez cette courbe graduée pour prendre des mesures sur les formes du corps comme les emmanchures, la poitrine ou les hanches.

Le pistolet : cet outil à la forme particulière est idéal pour tracer des arrondis précis. Choisissez-le assez grand et présentant des courbes convexes et concaves.

Le mètre à ruban : il permet de prendre des mensurations et de mesurer les métrages de tissu. Choisissez un mètre présentant une extrémité rigide sur 5 cm, très utile pour ajuster les ourlets.

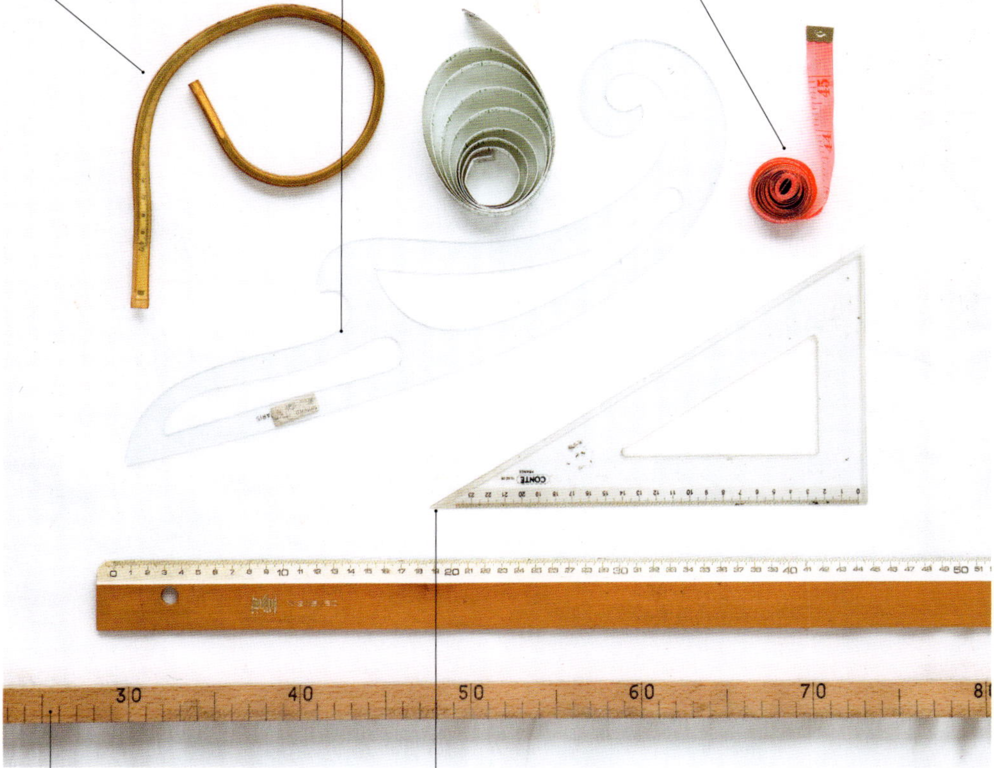

La règle graduée en bois : très utile lors du report du patron sur le tissu, elle doit mesurer au moins 60 cm.

L'équerre : elle est très utile pour marquer et vérifier les angles droits du patronage et le droit-fil des étoffes. Optez pour une équerre isocèle, les angles à 45° sont ainsi rapidement tracés pour le travail et la coupe des biais.

LES OUTILS DE COUPE

Les ciseaux de tailleur : ses longues lames bien aiguisées offrent une coupe nette. Les anneaux sont larges pour une bonne prise en main. Ils existent pour droitiers ou gauchers.

Le découseur : la lame en forme de U à bout très pointu de ce petit outil très malin se glisse entre les deux épaisseurs de tissu pour découdre une couture.

Les ciseaux cranteurs : ces ciseaux offrent une coupe zigzag qui rend le surfilage inutile et donne un rendu bien net.

Le coupe-fil : pour couper les fils de la machine après le piquage des pièces ou pour ouvrir des boutonnières.

LES OUTILS DE MARQUAGE

Les feutres textiles : ils sont indispensables pour reporter les repères sur votre tissu. Solubles à l'eau, effaçables à l'air ou par simple frottement : c'est à vous de choisir celui qui sera le plus adapté à votre support.

La roulette de marquage : pour tracer des patrons avec du carbone, ayez deux roulettes, une à dents peu pointues pour les tissus délicats et une seconde à dents plus larges et plus acérées à utiliser pour les tissus épais.

La craie de tailleur : en forme de petit galet, elle est proposée dans différentes couleurs. Le coloris clair s'emploie sur les tissus foncés, et vice versa.

Le traceur : le réservoir rempli de poudre à tracer communique avec la roulette. Le traceur s'utilise directement sur le tissu, sans carbone.

02 ANATOMIE DE LA MACHINE À COUDRE

La couture à la machine nécessite 2 fils : le fil d'une bobine et le fil de la canette. La machine permet de transférer le fil de la bobine sur la canette, et donc d'utiliser le même fil pour le fil supérieur, qui se voit sur l'endroit du travail, et pour le fil inférieur, qui se voit sur l'envers.

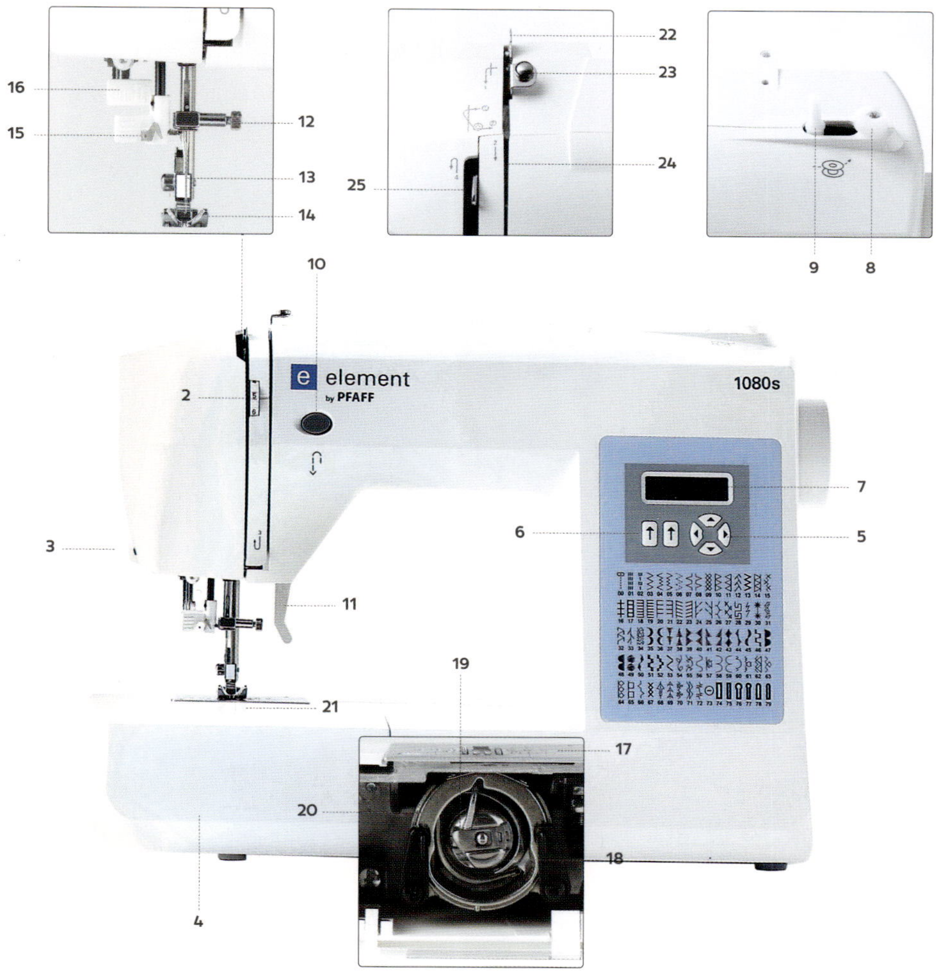

1. Releveur de fil
2. Molette de réglage de la tension du fil
3. Coupe-fil
4. Boite à accessoires
5. Réglage des points
6. Sélection des points
7. Affichage des points
8. Butée d'arrêt du bobinage
9. Bobineur
10. Commande de marche arrière
11. Levier du pied presseur
12. Vis du pied presseur
13. Aiguille
14. Pied presseur
15. Enfile-aiguille
16. Levier pour boutonnière
17. Plaque avec graduations
18. Boîtier canette
19. Tirette
20. Coursière
21. Griffe
22. Guide-fil 1
23. Guide-fil pour embobinage de canette
24. Fente d'enfilage
25. Releveur de fil

ENFILER LE FIL DE LA MACHINE

Sur les machines à coudre récentes, tous les passages sont numérotés pour faciliter cette étape cruciale et éviter les erreurs d'enfilage.

01

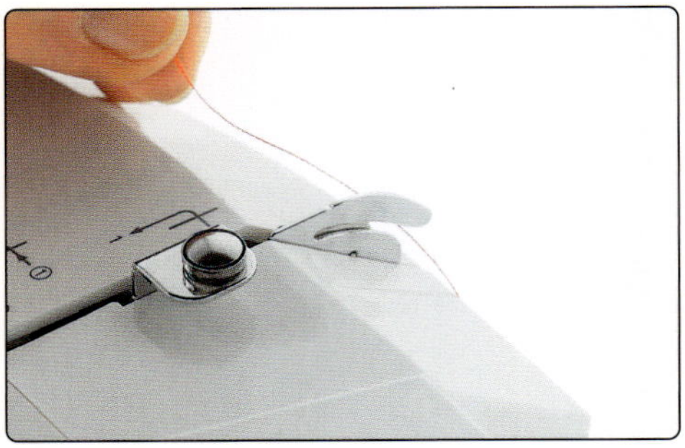

Poser la bobine de fil sur la broche porte-bobine. Tirer le fil pour le passer dans le guide-fil.

02

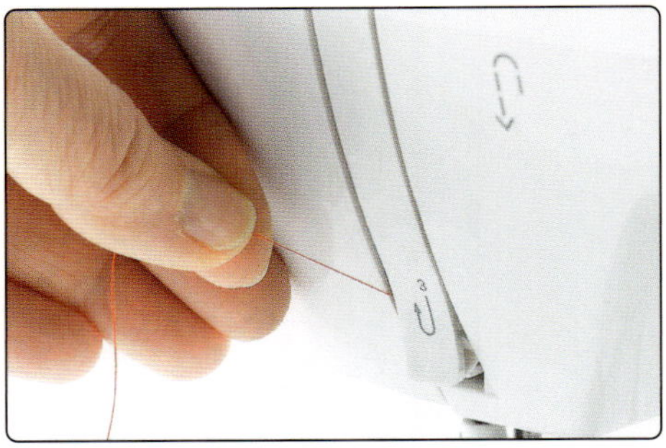

Passer le fil verticalement dans la fente vers le bas et remonter le fil vers le haut en suivant la fente.

03

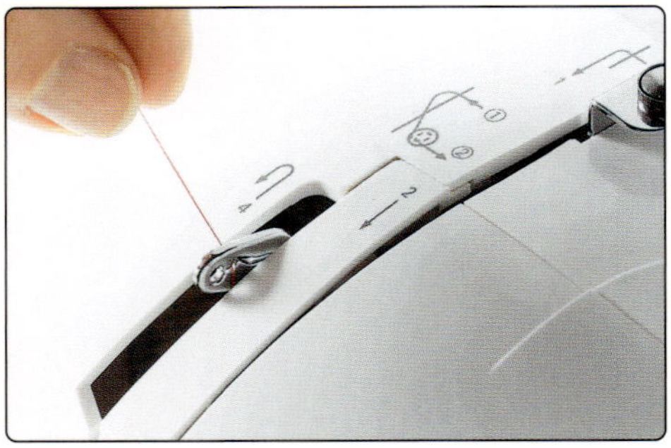

Passer le fil dans le releveur de fil. Si le releveur n'est pas visible, le remonter manuellement en tournant le volant vers soi.

04

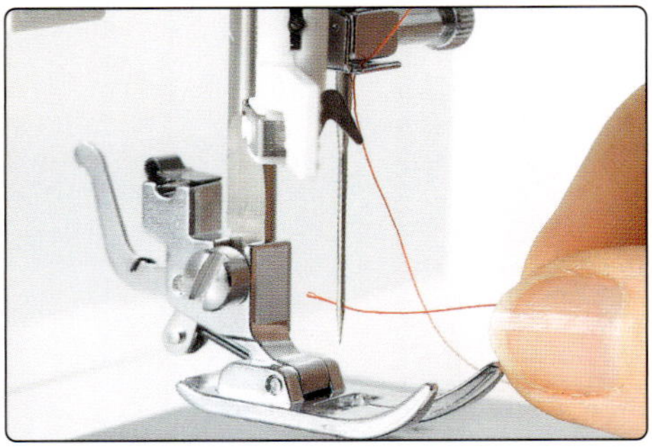

Pour continuer l'enfilage, redescendre le fil et le passer dans le guide-fil. Dernière étape : enfiler le fil dans le chas de l'aiguille de l'avant vers l'arrière.

03 BOBINER LA CANETTE

Privilégiez les canettes de la même marque que votre machine.
Cela évitera des irrégularités de dévidage et des points disgracieux.

01

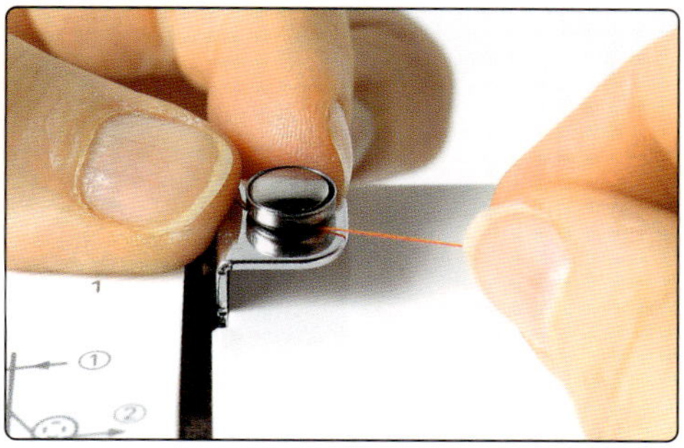

Passer le fil dans la fente du guide-fil puis entre les disques du bloc tension pour assurer la bonne tension du fil de la canette.

02

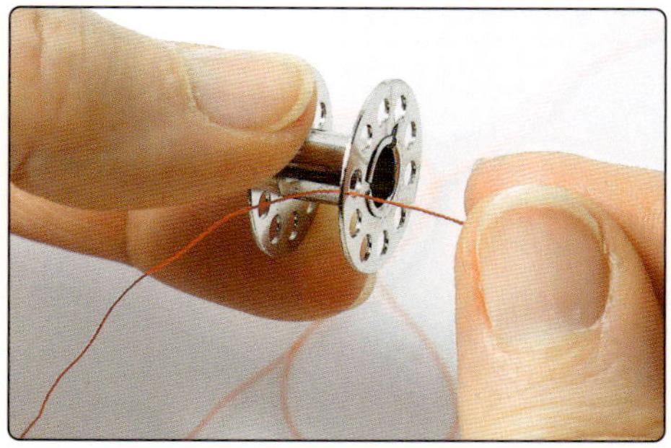

Passer le fil dans le trou de la canette, de l'intérieur vers l'extérieur, et la placer sur l'axe du bobineur de canette.

03

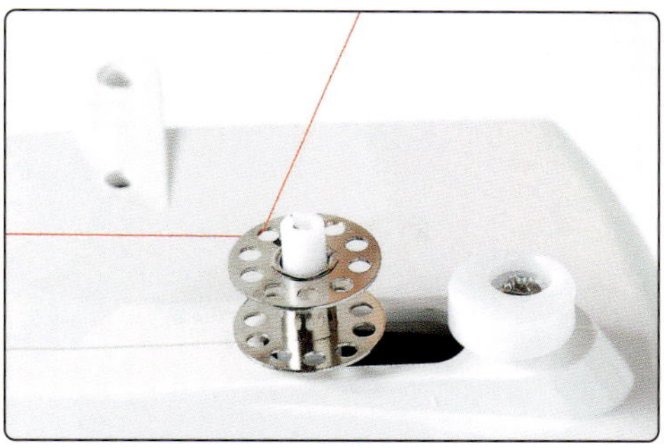

Pousser le bobineur vers la droite et appuyer sur la pédale pour commencer le bobinage. Maintenir le fil dans l'axe de la canette pendant quelques secondes.

04

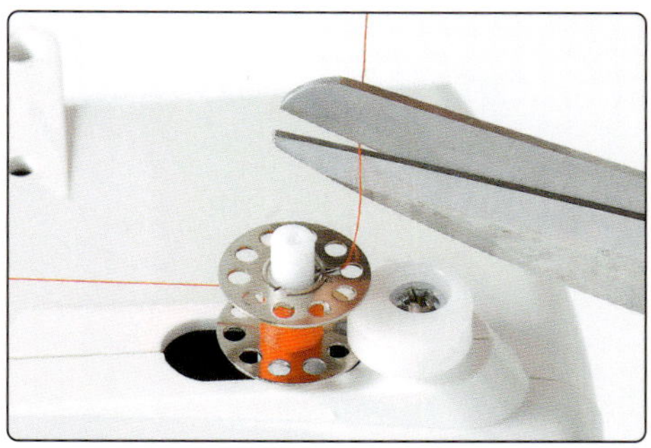

Arrêter le bobinage et couper le fil à ras de la canette. Reprendre le bobinage jusqu'à ce que la canette soit remplie.

PLACER LA CANETTE DANS LA MACHINE

Certaines machines ont des canettes à chargement vertical. Dans ce cas, on positionne la canette dans son boîtier puis on passe le fil dans la fente prévue à cet effet.

01

Ouvrir le clapet de la coursière sous la plaque. Soulever la tirette du porte-canette et sortir la canette.

02

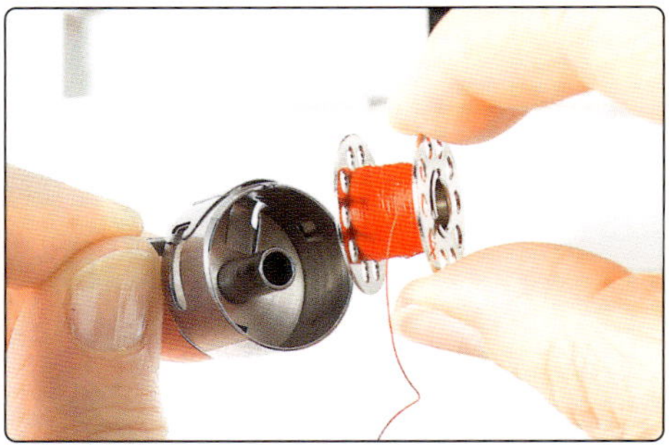

Insérer la canette dans le porte-canette en la maintenant avec la main gauche. Le fil doit tourner dans le sens des aiguilles d'une montre.

03

Placer le fil dans la fente du porte-canette et le tirer sous le ressort de tension. Dérouler environ 15 cm de fil.

04

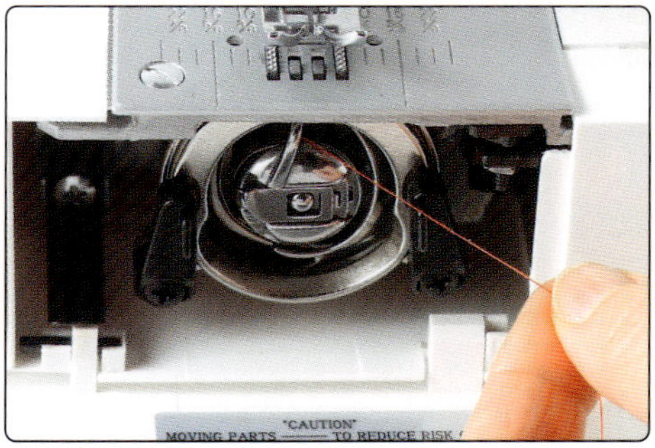

En tenant le porte-canette par la tirette, réintroduire la canette dans la coursière, ergot vers le haut. Relâcher la tirette, le porte-canette est en place, fil vers l'extérieur.

04 RÉCUPÉRER LE FIL DE LA CANETTE

Les canettes ont une durée de vie limitée, surtout celles en plastique. Elles ne se dévident plus de manière régulière et il est impossible de donner une bonne tension aux points, qui sont irréguliers.

01

Tenir le fil du haut avec la main gauche et, avec la main droite, tourner le volant vers soi pour commencer le point de couture.

02

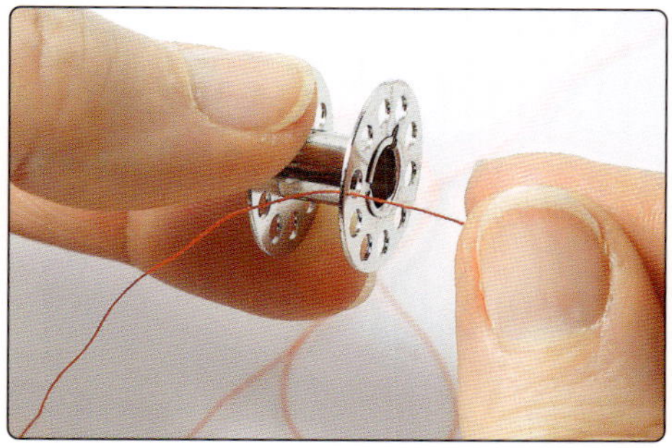

Quand le fil du haut fait une boucle avec le fil de la canette, finir le point en s'assurant que le releveur de fil est sur la position la plus haute.

03

Tirer sur le fil du haut. Cela va le tendre et ramener le fil de la canette à l'aplomb de l'aiguille. Le fil de la canette forme une boucle sous le pied presseur.

04

Passer une pointe au milieu de la boucle et tirer le fil jusqu'à ce que le fil de la canette soit entièrement ressorti. Fermer le couvercle de la coursière.

RÉGLER LA TENSION DU FIL

Avant de se lancer dans un projet, il faut tester le point sur un échantillon. Cela permet d'effectuer les réglages nécessaires pour que le point soit bien équilibré. Un bon point est un point net sur un tissu bien plat, sans plis, étirements ou fronces.

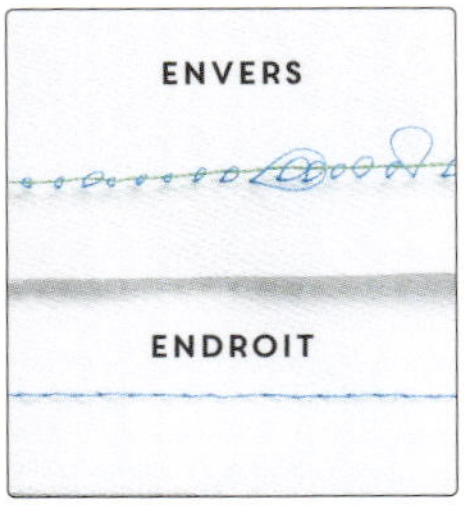

IL Y A DES BOUCLETTES SUR L'ENVERS…

Le fil supérieur est trop lâche et les points se forment mal.

Le fil est peut-être mal enfilé. Le plus simple est de tout recommencer.

Le pied presseur n'a peut-être pas été baissé. Sans tension du pied, le tissu n'est pas bien appuyé et les griffes ne peuvent pas bien l'entraîner.

Si, malgré tout cela, les bouclettes persistent, tournez légèrement le bouton de réglage de la tension du fil sur un chiffre plus grand.

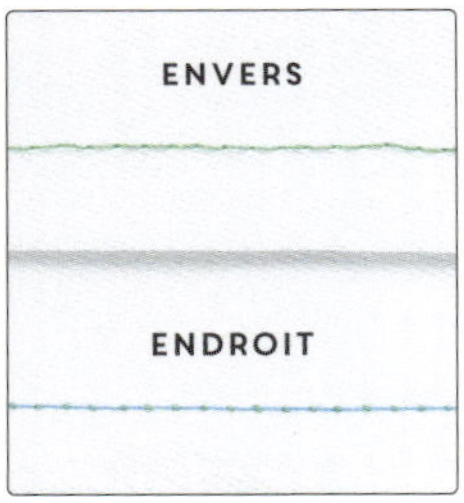

LE FIL N'EST PAS PIQUÉ SUR L'ENDROIT…

Si le fil de la canette est trop lâche, le point ne se fait pas correctement. Le fil supérieur n'est pas pris dans le tissu et vient très facilement si on tire dessus.

Le fil de la canette est peut-être mal enfilé. Le plus simple est de tout recommencer.

Le fil supérieur est peut-être trop tendu. Si c'est le cas, tournez la molette de réglage de la tension du fil sur un chiffre plus petit de façon à diminuer la tension.

LES PREMIÈRES ERREURS

Parfois les premières questions arrivent dès les premiers points. C'est tout à fait classique ! Voici les pièges les plus fréquents ainsi que des solutions simples pour vous permettre de les éviter.

MON FIL DU DESSUS N'ARRÊTE PAS DE SE CASSER…

Avez-vous vérifié que le fil de la bobine est bien enfilé ? Si c'est le cas, assurez-vous que le fil de la bobine et de la canette sont de même qualité et qu'ils sortent avec la même facilité quand vous tirez dessus. Sinon, il faudra régler la tension des fils.
Si toutefois le fil casse encore, vérifiez votre aiguille. Elle est peut être tordue. Dans ce cas, il faudra la changer.

MA COUTURE EST TERMINÉE MAIS JE N'ARRIVE PAS À RETIRER MON TISSU…

Si vous remarquez que le tissu est bloqué et qu'il y a plus de trois fils qui sortent quand vous tirez, c'est que la machine à coudre n'a pas fini son point.
Tenez le tissu avec la main gauche et tournez simultanément le volant à droite de la machine pour faire redescendre puis remonter l'aiguille.
Le tissu sera alors plus facile à tirer et à sortir.

05 LES PIEDS PRESSEURS

La machine à coudre est souvent livrée avec les pieds presseurs indispensables aux techniques de couture les plus usuelles.

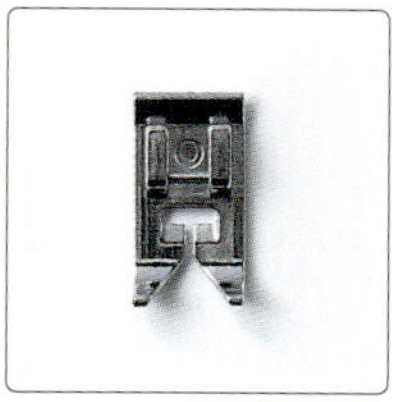

LE PIED UNIVERSEL

En métal ou transparent, il est percé d'un trou ovale qui permet la réalisation du point droit classique comme du point zigzag, l'aiguille pouvant effectuer un trajet latéral.

LE PIED POUR FERMETURE À GLISSIÈRE

Mince et étroit, il est spécialement conçu pour le montage des passepoils et des fermetures à glissière. En fonction du côté de la pièce à piquer, il se positionne soit à droite, soit à gauche de l'aiguille.

LE PIED POUR SURJET

Avec sa ligne de conduite, ce pied est spécialement conçu pour surfiler facilement les pièces de tissu.

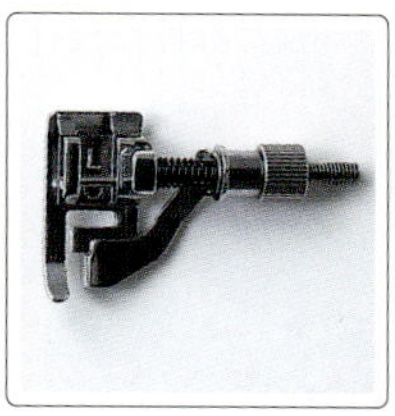

LE PIED POUR OURLET INVISIBLE

Le pied possède un guide métallique au centre et trois rainures à l'envers du pied. L'aiguille passe au-dessus du guide métallique du milieu et une tension légèrement moins forte permet que le point à gauche perce le moins possible le tissu et devienne presque invisible.

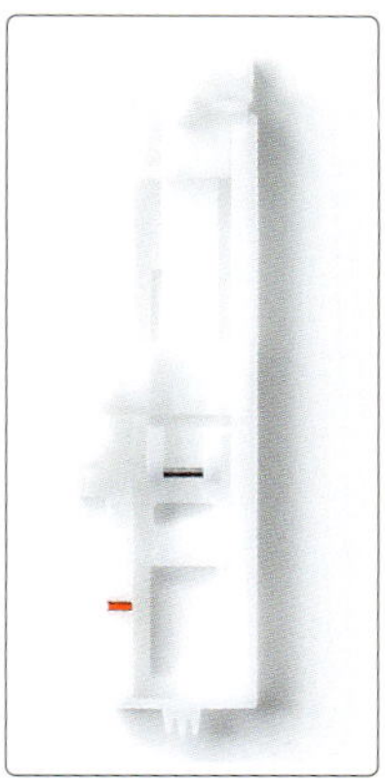

LE PIED POUR BOUTONNIÈRE

Ce pied automatique est spécialement conçu pour réaliser très facilement des boutonnières. Le repère de graduation sur le côté aide à sélectionner la taille de la boutonnière souhaitée. Il se règle aussi automatiquement en disposant le bouton dans les cales de réglage.

CHOISIR SON FIL

Présentés sous forme de bobines de différentes grosseurs allant du cône au tubino, les fils sont de toutes les couleurs, pour tous les tissus, tous les usages.

Le fil à bâtir, en grosses bobines, est peu résistant. Il s'utilise pour la préparation du montage des coutures et se défait aisément.

Le retors ou fil mercerisé en 100 % coton est le fil parfait pour la couture à la machine. Ayez-en toujours à votre disposition.

Le spécial draperie est un fil solide en 100 % coton à l'aspect mat. Il s'emploie aussi bien pour la couture à la main que pour la couture à la machine. Il sert au montage des lainages et des toiles de jean.

Le fil polyester ou tous textiles est conseillé pour le montage des étoffes synthétiques, des tissus composés de mélanges et des étoffes de maille. Il a un aspect un peu irrégulier et s'utilise uniquement sur la machine à coudre.

Le fil spécial canette est un fil 100 % polyester très fin (70 microns). Il existe en blanc et plus rarement en noir. Blanc, il est presque invisible et peut être employé sur des textiles de couleur claire ou neutre.

Le cordonnet de soie ou de coton est présenté en petits tubinos. Son aspect retordu est parfait pour la broderie à la main des boutonnières, pour coudre les boutons ou faire des surpiqûres.

UN PETIT TRUC MALIN

Afin que les réactions au lavage et à l'usure soient identiques à celles des textiles, **utilisez une qualité de fil équivalente à la composition de l'étoffe**. Ainsi, employez un fil 100 % coton pour les cotonnades, un fil polyester pour les synthétiques… et tenez compte aussi de l'épaisseur de la toile et de l'effet souhaité.

Pour bien choisir sa couleur, **déroulez sur le tissu un peu de fil de plusieurs bobines et sélectionnez celui qui correspond exactement à la teinte de l'étoffe** ou prenez un fil un ton un peu plus foncé.

Les indications de composition, de longueur et d'épaisseur du fil sont inscrites sur l'étiquette. Le numéro indiquant la grosseur correspond au nombre de kilomètres contenus dans 1 kilo de ce même fil. Par exemple, un fil numéroté 50 correspond à 50 kilomètres de fil pour 1 kilo. Plus le numéro est élevé, plus le fil est fin.

06 LES AIGUILLES DE LA MACHINE

Il faut travailler avec une aiguille adaptée à l'épaisseur du tissu et du fil. Sur la plupart des nouvelles machines, l'enfilage du fil s'effectue de l'avant vers l'arrière. Pour les anciens modèles, l'enfilage se réalise de droite à gauche. Voici les différents types d'aiguilles qui existent.

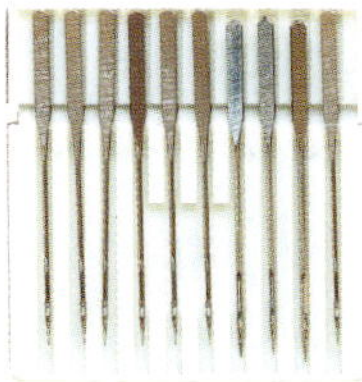

LES AIGUILLES STANDARDS

Leur grosseur se choisit en fonction de l'épaisseur de l'étoffe. Plus le tissu est épais et plus le numéro d'aiguille est élevé : n° 100 pour le jean et les toiles à trame serrée, n° 60 ou 70 pour les cotonnades fines ou la soierie, n° 80 pour le travail courant.

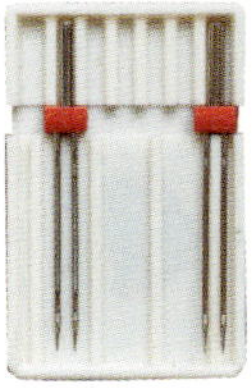

LES AIGUILLES DOUBLES

Elles permettent de réaliser des surpiqûres doubles, comme pour les jeans. Il faut adapter un porte-bobine double pour travailler avec deux fils supérieurs à la fois.

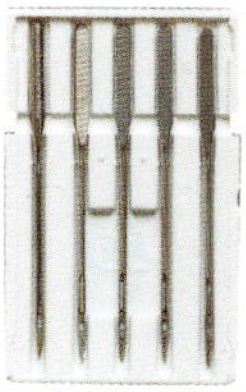

LES AIGUILLES POUR CUIR

Leur pointe triangulaire et leur cannelure centrale percent des cuirs moyennement épais. Pour coudre du cuir, il faut utiliser un fil épais de type draperie et régler le point de piqûre sur 4 mm au minimum pour éviter que la peau ne se déchire.

MON AIGUILLE SE CASSE...

Votre aiguille s'est peut-être tordue à cause d'une canette mal positionnée. Il arrive aussi qu'une épingle soit mal placée. Si l'aiguille tape dessus, elle peut céder.

Il faut aussi veiller à choisir une aiguille adaptée à l'épaisseur du tissu à coudre ainsi qu'au fil choisi pour éviter de la casser.

Dans tous les cas, veillez à toujours avoir des aiguilles de rechange. Une aiguille a une durée de vie assez courte. Dès que vous sentez des petites aspérités quand vous passez le doigt, c'est qu'elle doit être changée.

CHANGER UNE AIGUILLE

Pensez à toujours avoir des aiguilles sous la main, ainsi vous pourrez à tout moment en changer facilement en fonction de votre projet ou en cas de casse.

01

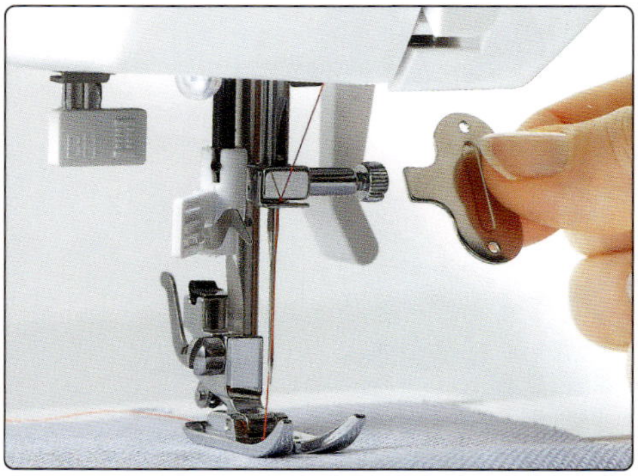

Placer un morceau de tissu épais sous le pied presseur pour éviter que l'aiguille ne tombe dans le mécanisme. Déboquer la vis sur la barre d'aiguille avec le tournevis papillon.

02

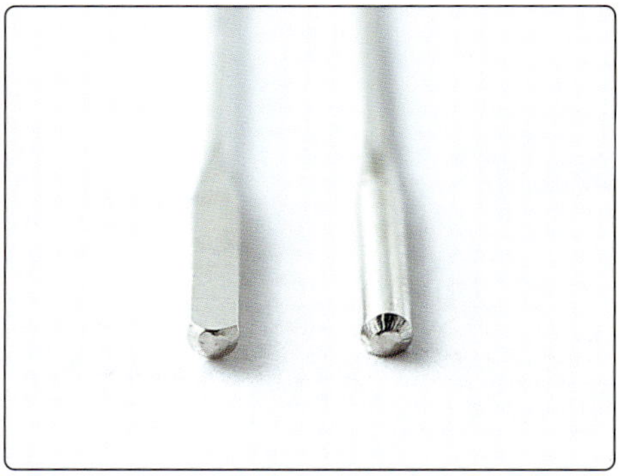

Repérer le plat de l'aiguille. Celui-ci doit être inséré de manière à se retrouver à l'arrière de la machine, et la partie bombée face à soi.

03

Insérer l'aiguille dans son support et pousser jusqu'à toucher le fond. Commencer à revisser à la main.

04

Finir de visser avec le tournevis pour bloquer l'aiguille.

07 LES TISSUS

Le choix d'un tissu est déterminé en fonction de la forme du vêtement, mais souvent c'est le coup de cœur qui l'emporte. Voici quelques conseils pour bien choisir et pour ne pas se tromper.

LES FIBRES VÉGÉTALES

Le coton est certainement la plus connue. Ces tissus sont faciles à coudre et agréables à porter car ils sont très respirants. Ces fibres ont toutefois tendance à perdre leur couleur au lavage, sauf pour le coton garanti grand teint, et à se froisser facilement.

La batiste est un coton très fin quasi transparent et très doux au toucher. Ce tissu est très indiqué pour les vêtements d'enfant ou les doublures.

Le chambray est un coton avec un effet un peu chiné particulièrement indiqué pour la confection de chemises.

Le denim est une toile de jean épaisse et assez rigide. Il est le plus souvent dans des teintes de bleu.

Le jersey est un coton qui n'est pas tissé mais tricoté. Cela lui donne un côté extensible parfaitement adapté pour la réalisation de tee-shirts. Attention, il se coud avec un point zigzag ou un point extensible.

Le lin est tissé à partir de fibres de la plante. Il en existe de toutes les épaisseurs. Mais ce tissu se froisse très facilement.

La popeline est un coton de qualité au tissage très serré. Son rendu est parfois un peu satiné. Il est à privilégier pour la confection de vêtements.

LES FIBRES ANIMALES

Utilisés tous deux pour leurs qualités thermiques, ces tissus s'entretiennent facilement à condition toutefois de ne pas les laver dans une eau trop chaude. D'une manière générale, il faut laver ces fibres à l'eau froide.

La laine est issue de la fourrure des moutons. C'est un très bon isolant thermique à privilégier pour les vestes, les manteaux et les pantalons.

La soie est obtenue grâce à la culture du ver à soie. Le rendu est doux, fin et très fluide. Elle n'est pas facile à coudre et se froisse facilement.

ASTUCE

Éliminez l'apprêt des tissus neufs. Pour le coton et le lin, laissez-les tremper 1 heure dans une eau additionnée de savon. Rincez, laissez sécher à plat, repassez. Pour la laine et la soie, passez un nuage de vapeur avec le fer et tamponnez avec un chiffon sec.

LES FIBRES ARTIFICIELLES

De la cellulose extraite des végétaux on tire les fibres artificielles. L'acétate, qui résiste à l'étirement et aux attaques des mites, ne rétrécit pas. Il offre un beau tombé aux tissus mais ne supporte pas le nettoyage à sec. La rayonne ou viscose a un aspect et un tombé identiques à ceux de la soie. Elle ne supporte pas l'eau chaude, sous l'action de laquelle elle a tendance à se froisser et à rétrécir.

LES FIBRES SYNTHÉTIQUES

On ne pourrait plus se passer maintenant de ces fibres issues de la pétrochimie. Leurs hautes performances nous les ont rendues indispensables : confort inégalé de l'élasthanne ou du Lycra®, polyester résistant aux lavages qui ne se froisse pas et ne rétrécit pas, polyamide imitant la soie, microfibres imperméables et respirantes tout à la fois, acrylique doux et chaud.

Textile	Lavage	Repassage
Acétate	○	fer •
Acrylique	lavage à la main	fer ••
Batiste	40°	fer ••
Broderie anglaise (coton)	60°	fer ••
Chambray (coton)	60°	fer •••
Coton et soie (mélange 50 %/50 %)	40°	fer ••
Coton	95°	fer •••
Dentelle	○	fer ••
Fausse fourrure	○	fer •
Flanelle (laine)	lavage à la main	fer ••
Gabardine (laine)	○	fer ••
Jean (coton)	40°	fer •••
Laine et soie (mélange 50 %/50 %)	○	fer ••
Laine polaire	○	fer ••
Lycra	40°	fer •
Soie	lavage à la main	fer •
Toile de lin	60°	fer •••
Velours (coton)	○	fer ••

08 CONSEILS TISSUS

On choisit son tissu en fonction de l'ouvrage qu'on souhaite confectionner.

COMMENT BIEN CHOISIR SON TISSU ?

Les tissus vendus au mètre sont présentés dans différentes largeurs en fonction de leur utilisation et de leur composition : 90 et 110 cm sont les largeurs standards des tissus d'habillement fins comme les cotonnades, les soieries, les aspects soierie et synthétiques. Les toiles en 150 et 180 cm sont en général plus lourdes, comme les draps de laine, les gabardines de coton, le jean..., ou bien réservées à l'ameublement.

En magasin, **chaque rouleau de tissu doit présenter à une de ses extrémités une étiquette** mentionnant : la largeur de la pièce, la composition du tissu ainsi que le pourcentage des matières utilisées dans le cas de textiles mélangés, et le prix au mètre.

Les éclairages artificiels déforment les coloris, il est donc préférable de **choisir un tissu à la lumière du jour**.

Les débutants sélectionneront des tissus qui ne glissent pas et s'effilochent peu. **Ils éviteront les 100 % synthétiques, les acétates, les tissus à poil comme le velours et les mailles.**

ENDROIT OU ENVERS ?

Un tissu imprimé présente un endroit et un envers facilement reconnaissables. C'est moins évident sur d'autres étoffes à tissage jacquard ou sur des tissus unis. Voici comment reconnaître facilement l'endroit et l'envers d'un tissu :

- En général, l'endroit est plus brillant que l'envers.
- Le nom du fabricant est imprimé sur l'endroit de la lisière. Tracez quelques repères sur l'endroit du tissu lorsque vous couperez les lisières.
- Attention, car certains tissus à tissage simple ne présentent ni endroit ni envers !

QU'EST-CE QUE LA LAIZE ?

C'est le terme employé pour désigner la largeur des tissus. Elle est perpendiculaire aux lisières. Elle diffère en fonction des métiers à tisser sur lesquels les tissus sont fabriqués. Les soieries et les cotonnades sont tissées en 90 et 110 cm de large, tandis que les tissus plus lourds se présentent en 140 cm.

Le métrage nécessaire à la confection d'un modèle diffère en fonction de la largeur du tissu choisi.

TROUVER LE DROIT-FIL...

Pour bien couper les pièces du patron, il faut savoir correctement utiliser le tissu. Les plus faciles à repérer sont **les lisières** ①, ces bordures au tissage plus serré qui bordent le lé de tissu.

Une fois les lisières repérées, **les fils de chaîne** paralèlles aux lisières sont faciles à situer. Les fils perpendiculaires sont appelés **fils de trame** ②. **Le droit-fil** ③ est généralement un fil parallèle aux lisières. Toutes les pièces du patron doivent être placées dans le même sens par rapport à la chaîne et à la trame. Les bords du tissu coupé droit-fil sont peu extensibles.

Couper dans **le biais** ④ consiste à placer le patron sur une ligne oblique qui coupe à 45° les fils de chaîne et de trame. Ainsi, le tissu coupé dans le biais est très extensible.

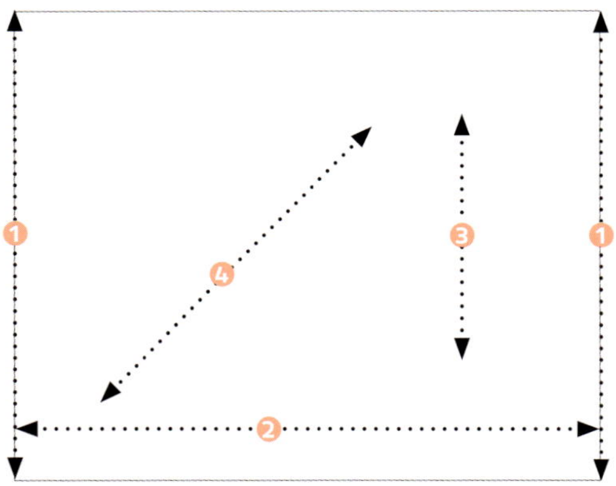

CARNET D'ADRESSES

Voici un carnet d'adresses utiles pour trouver de beaux tissus.

Tissus Reine
3-5, place Saint-Pierre
75018 Paris

Marché Saint-Pierre
2, rue Charles-Noguier
75018 Paris

Tissus Moline
1, place Saint-Pierre
75018 paris

De Gilles Tissus
156, rue de la Roquette
75011 Paris

Et de jolies boutiques en ligne
www.mondialtissus.fr
www.mapetitemercerie.com
www.cousette.com
www.atelierbrunette.com
www.motifpersonnel.com
www.tissus.net
www.tissus-price.com

09 LES POINTS À LA MACHINE

La couture à la machine ne nécessite de maîtriser que trois points de base, quatre pour les chanceux qui possèdent une machine récente qui permet de faire un point d'ourlet invisible. Quand vous savez les faire, vous pouvez tout coudre.

LE POINT DROIT

LE RENDU

LE POINT

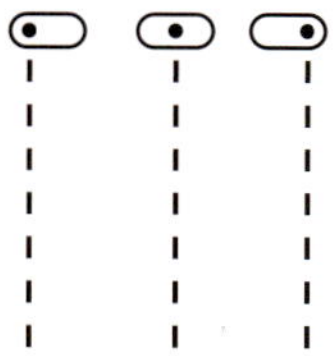

LE PIED

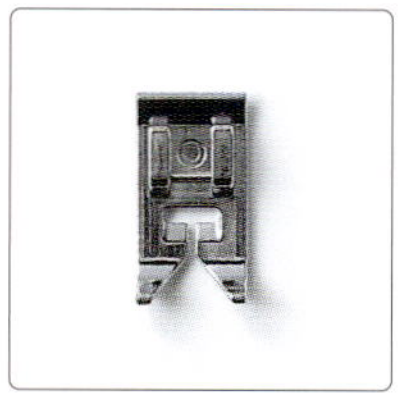

LE CONSEIL

Il est possible de piquer à gauche, au centre ou à droite du pied presseur. Sélectionnez le point de votre machine qui convient à votre projet.

L'EXPLICATION

C'est le point de base de toutes les machines à coudre et le plus utilisé pour les montages. Il se réalise en général sur l'envers des étoffes pour devenir totalement invisible sur l'endroit du vêtement. Il doit offrir un aspect parfaitement plat et ne pas faire froncer le tissu. Il peut être composé de points plus ou moins longs en fonction de l'épaisseur des tissus à monter et il faut commencer et finir la piqûre par quelques points effectués en marche arrière, ce qui permet de couper les fils au ras de la couture sans les rentrer.

LE POINT DE SURPIQÛRE

LE RENDU

LE POINT

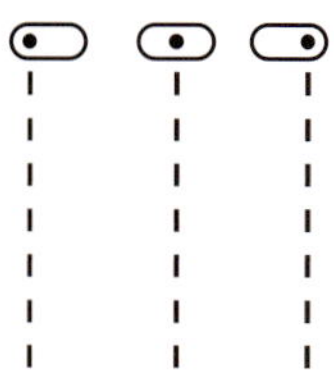

LE PIED

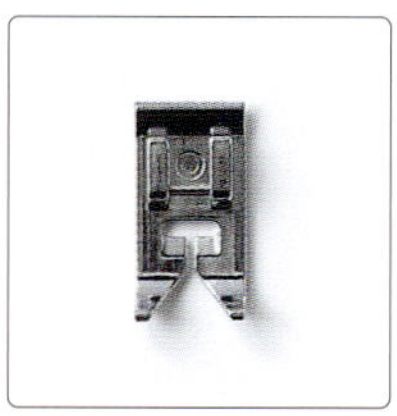

LE CONSEIL

Le point de surpiqûre est toujours plus long que le point normal. Il faut donc régler la longueur de point entre 3 et 3,5.
Pensez à faire un test sur un échantillon avant de vous lancer.

L'EXPLICATION

C'est un dérivé du point précédent mais, à l'inverse du point droit, il ne sert pas à l'assemblage des tissus, il apporte un effet décoratif au vêtement. Il ne se réalise que sur l'endroit du tissu. Le point de surpiqûre est composé de trois points droits réalisés parallèlement pour accentuer l'effet visuel, dont la longueur peut être réglée.
Il est déconseillé de commencer ou d'arrêter la surpiqûre par quelques points arrière à la machine.
Il faut rentrer les fils sur l'envers à la main et les arrêter par quelques points arrière à la main.

LES POINTS DE SURJET

LE RENDU

LE POINT

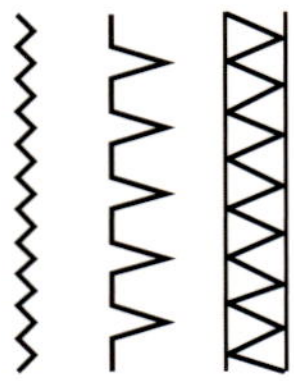

LE PIED

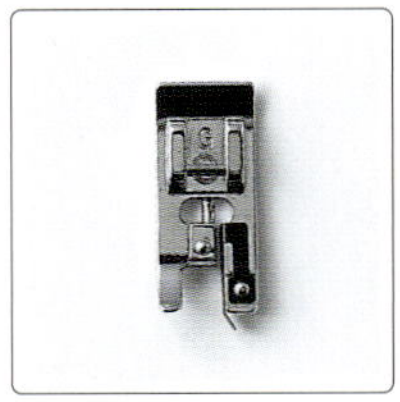

LE CONSEIL

Certaines machines présentent plusieurs types de surjet, comme celui pour les jerseys, ou un surjet élastique pour les tissus taillés dans le biais.

L'EXPLICATION

Le surjet du bord des pièces est indispensable. Il peut être fait soit avant le montage soit après le montage et la recoupe des marges de couture. Les tissus épais nécessitent un surjet large ; les tissus légers, un surjet étroit. Positionnez la machine sur le point zigzag en réglant la largeur et la longueur du point en fonction de l'épaisseur de l'étoffe et piquez, le bord de la toile maintenu au milieu du pied presseur.

LE POINT D'OURLET INVISIBLE

LE RENDU

LE POINT

LE PIED

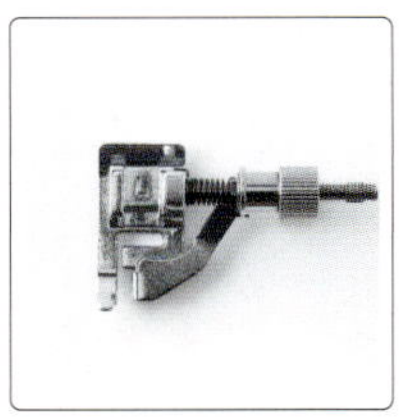

LE CONSEIL

Choisissez un fil ton sur ton avec le coloris du tissu afin que la piqûre disparaisse totalement sur l'endroit du tissu.

L'EXPLICATION

Ce point permet de réaliser tous les ourlets en un clin d'œil. Pliez le bord du tissu en accordéon sur l'envers du tissu, de manière à travailler sur trois épaisseurs d'étoffe. Posez la pièce à ourler sous le pied presseur, le bord du tissu orienté vers la droite. Le milieu de ce point de type zigzag doit coïncider avec le centre du pied presseur, seule la pointe du point d'ourlet pique dans le bord du pli.

10 LES POINTS À LA MAIN

Certaines étapes du montage ou des finitions nécessitent de coudre à la main ; dans ce cas, utilisez toujours du fil et une aiguille en rapport avec le tissu. Voici les points de base les plus courants et dans quels cas les utiliser.

LE POINT DE BÂTI

LE RENDU

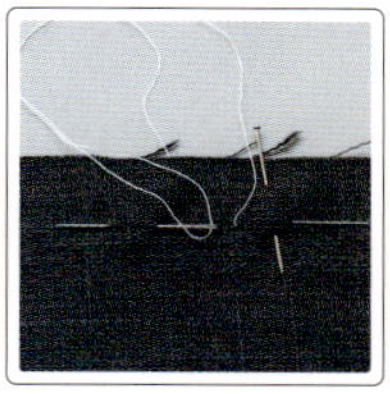

LE POINT

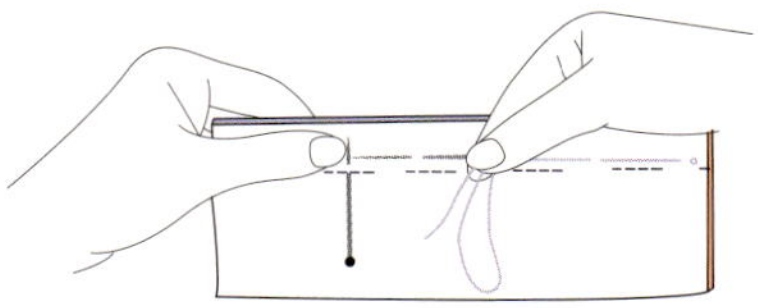

LE CONSEIL

Les points de bâti sont très utiles pour maintenir deux tissus ensemble et éviter qu'ils ne bougent au moment de piquer à la machine.

L'EXPLICATION

Le point de bâti, utilisé pour préparer une couture, se travaille de droite à gauche, à grands points réguliers de 5 à 7 mm, et nécessite une aiguille longue et fine. Les points n'ont pas besoin d'être réguliers. Tenez dans la main gauche les deux tissus assemblés par des épingles, travaillez à grands points avant et tirez l'aiguillée souplement tous les 10 cm.

LE POINT DE FRONCES

LE RENDU

LE POINT

LE CONSEIL

Faites deux coutures parallèles et tirez les fils pour réaliser votre fronce temporaire ou définitive.

L'EXPLICATION

Utilisez une aiguille neuve, fine et courte, et une aiguillée suffisamment longue pour couvrir la totalité de la surface à froncer. Le point se travaille de droite à gauche. Maintenez le tissu à froncer de la main gauche, entre le pouce et l'index, et piquez l'aiguille dans la toile de façon à faire des petits points avant réguliers. L'aiguille ressort sur l'endroit du tissu en glissant sur l'ongle du pouce gauche. Réalisez quelques points puis glissez le tissu ainsi froncé sur le fil de l'aiguillée.

LE POINT ARRIÈRE

LE RENDU

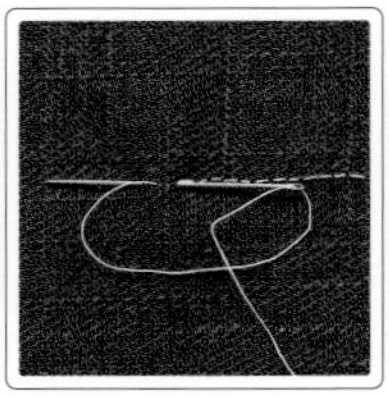

LE POINT

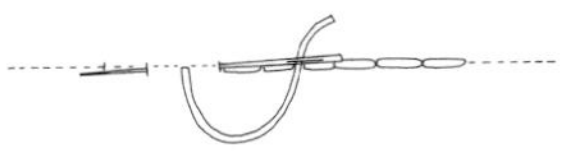

LE CONSEIL

Le point arrière s'utilise pour des coutures solides ou pour la pose des fermetures à glissière. Il se travaille toujours de droite à gauche.

L'EXPLICATION

C'est le point qui sert à assembler deux pièces de tissu. Composé de points réguliers de 2 à 3 mm, il imite le point droit à la machine. Piquez l'aiguille perpendiculairement dans les deux tissus à assembler, à 2 mm du bord, puis réalisez un point en reculant et ressortez la pointe de l'aiguille vers la gauche, 2 mm devant le premier point. Tirez l'aiguillée et repiquez dans le trou de gauche du premier point. Continuez ainsi tout le long de la couture.

LE POINT GLISSÉ

LE RENDU

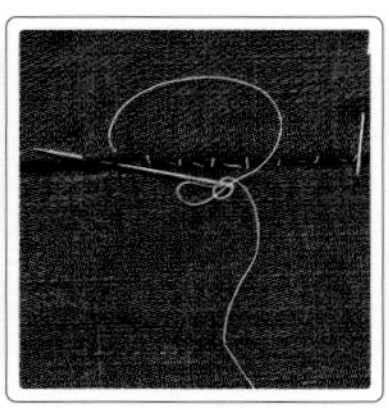

LE POINT

LE CONSEIL

Ce point se travaille toujours de droite à gauche, ourlet vers le haut.

L'EXPLICATION

Il est utilisé pour faire les ourlets mais aussi pour coudre le rabat d'un biais sur l'envers.
Piquez l'aiguille à droite sous l'ourlet, déplacez l'aiguille de quelques millimètres vers la gauche et piquez dans l'épaisseur de la toile ou sur le bord de l'ourlet. Poussez le chas avec le dé en prenant un peu d'épaisseur de l'ourlet.
Les points en dessous sont longs et en biais tandis que ceux du dessus sont petits et droits.

11 LES COUTURES CLASSIQUES

Les coutures varient en fonction de l'effet souhaité, de la nature des étoffes et du style du vêtement. Choisissez la plus adaptée à ce que vous souhaitez réaliser.

LA COUTURE PLATE

C'est la couture de base et la forme d'assemblage la plus courante en couture. Cela consiste à assembler deux pièces endroit contre endroit par une piqûre machine. Ensuite les marges de couture sont ouvertes au fer à repasser.

01

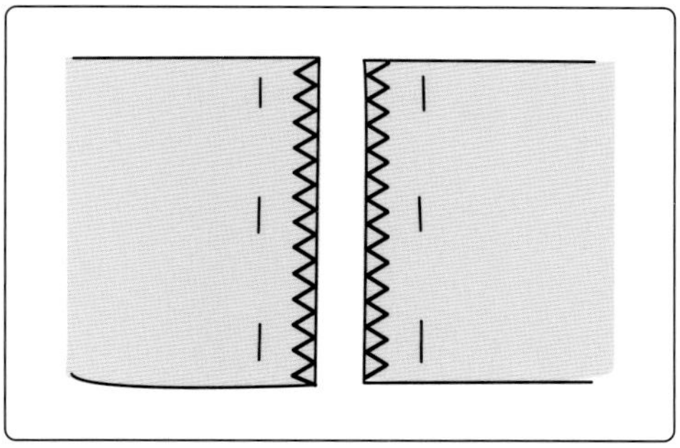

Surfiler les bords des pièces au point zigzag pour arrêter les effilochures de l'étoffe.

02

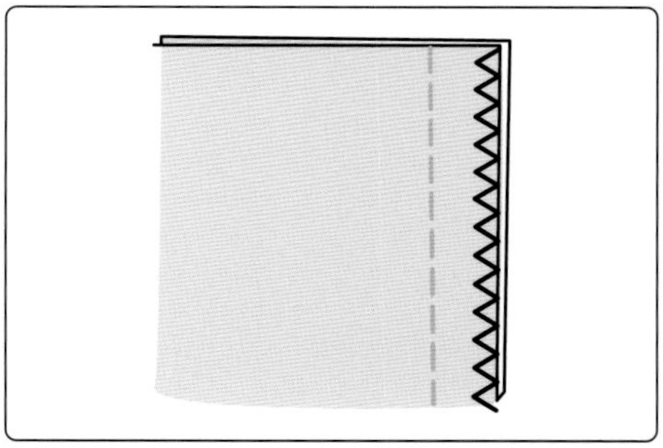

Superposer les pièces bord à bord et endroit contre endroit, et piquer.

03

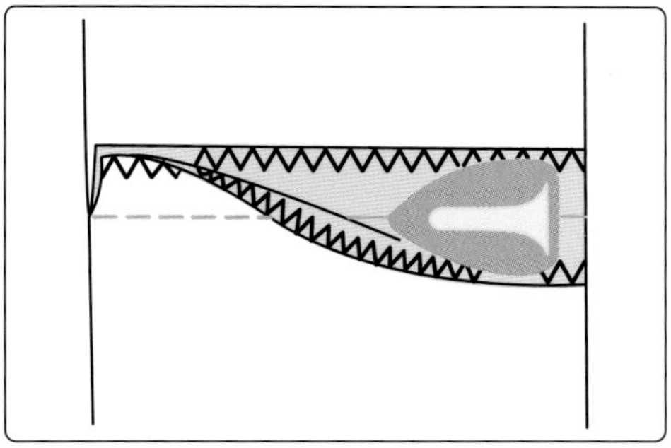

Déployer les 2 pièces à plat sur la planche à repasser et passer la pointe du fer entre les valeurs de couture.

04

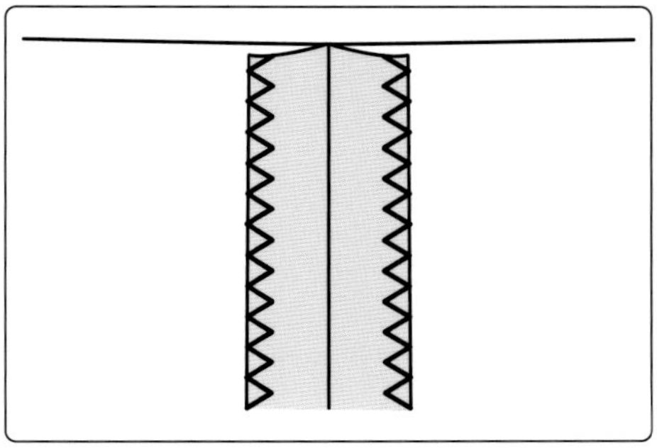

Les valeurs de couture sont aplaties de chaque côté de la couture.

LA COUTURE RABATTUE

Cette méthode est réservée à des tissus d'épaisseur moyenne à légère ou bien pour offrir un confort lorsque vous portez le vêtement dans le cas de la fourche des pantalons.

01

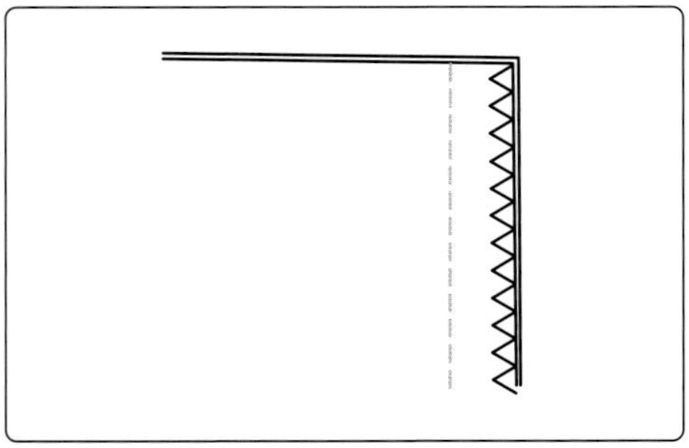

Superposer les pièces bord à bord et endroit contre endroit, et piquer. Surfiler ensemble les 2 épaisseurs de tissu.

02

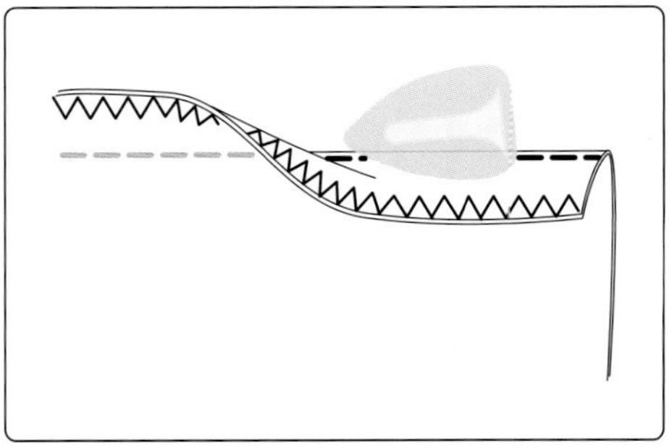

De la pointe du fer, rabattre les valeurs de couture sur un même côté en formant un pli le long de la couture.

03

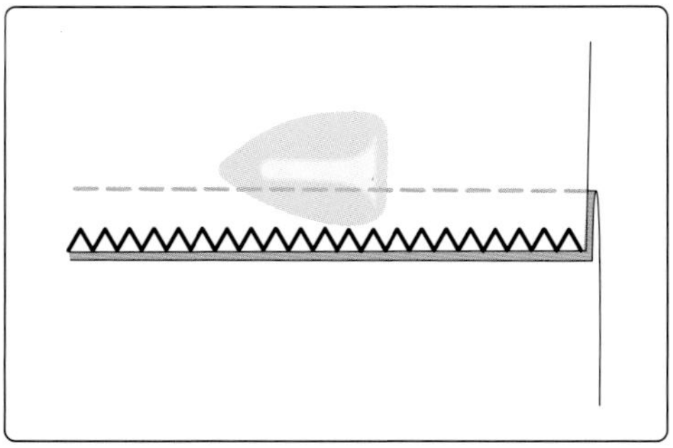

Déployer les 2 pièces à plat sur la planche à repasser et passer la pointe du fer entre les valeurs de couture.

04

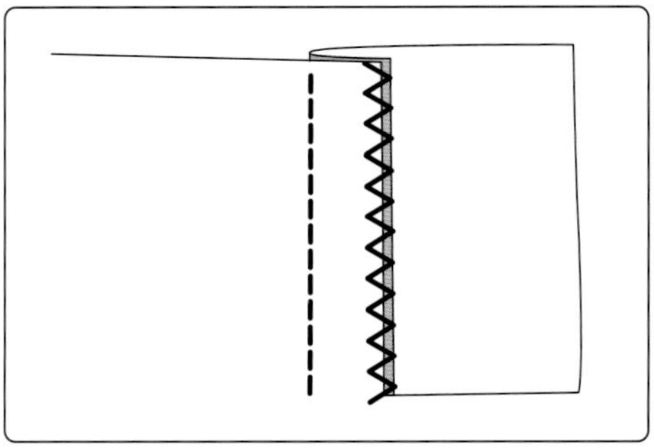

Les valeurs de couture sont aplaties de chaque côté de la couture.

12 LA COUTURE ANGLAISE

Les bords des tissus sont enfermés dans les valeurs de couture ; ainsi, le fini des ouvrages est très net, sans effilochures possibles.

01

Laisser 1 cm de valeur de couture pour les tissus fins, 1,5 cm pour les tissus plus épais.

02

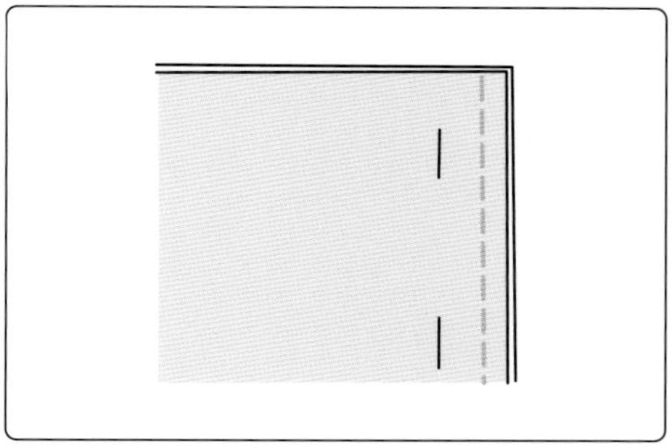

Superposer les pièces bord à bord et envers contre envers, et piquer à quelques millimètres du bord (3 à 5 mm).

03

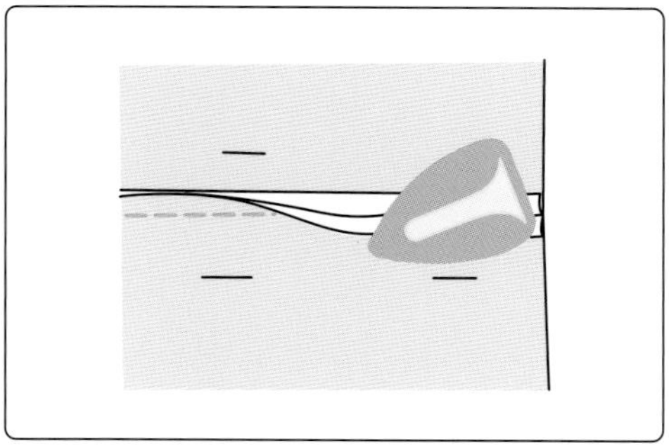

Déployer les 2 pièces à plat et repasser les valeurs de couture sur le même côté.

04

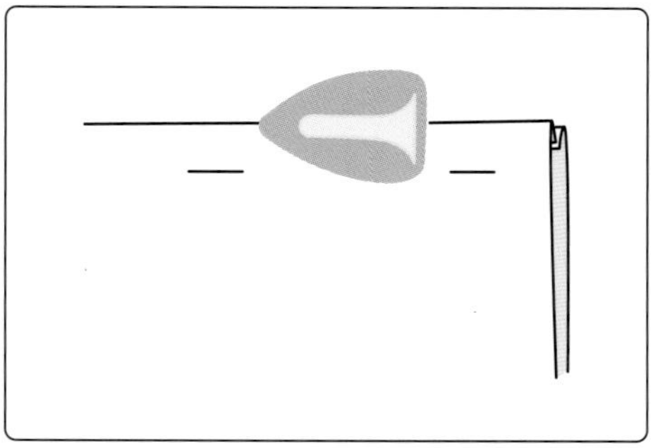

Rabattre une pièce sur l'autre, endroit contre endroit, et repasser.

05

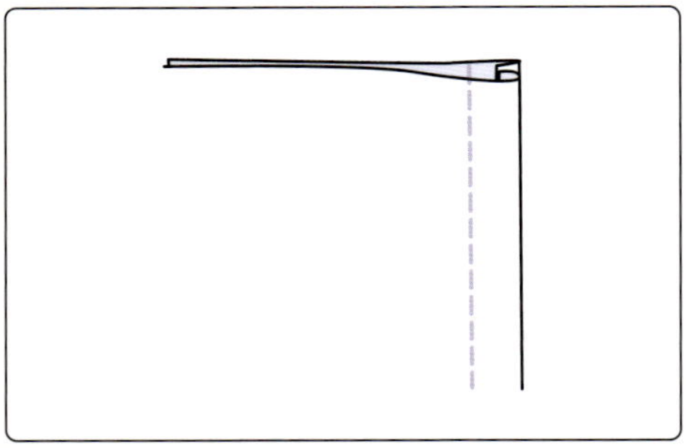

Piquer le long de la pliure à une distance correspondant à au moins la valeur de couture précédente de manière à enfermer les bords du tissu.

06

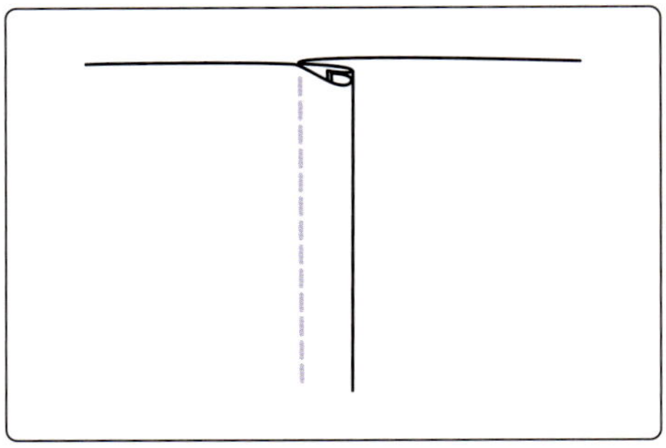

Rabattre au fer la valeur de couture sur un côté de la couture.

ASTUCE

La surpiqûre est soit purement décorative, soit faite pour apporter un certain maintien à la couture. Sur l'endroit des pièces, piquez parallèlement à la première couture, de façon à prendre les 3 épaisseurs de tissu dans la piqûre. Pour qu'elle soit bien nette, placez une aiguille neuve.

1

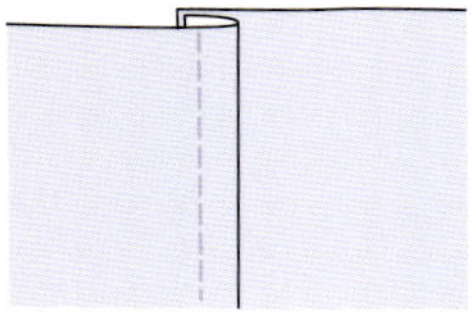

2

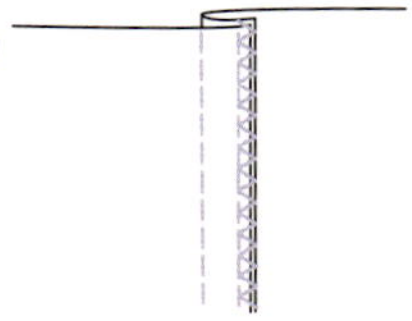

13 COMMENCER À PIQUER

Un point d'arrêt permet de sécuriser une couture, pour éviter qu'elle ne se défasse. Il faut donc toujours commencer et finir une couture par 2 ou 3 piqûres superposées d'au moins 1 cm (4 ou 5 points de couture).

01

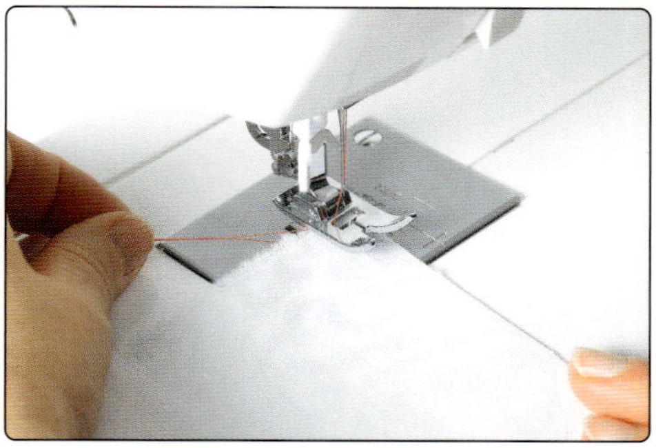

Tenir les fils en les tirant vers l'arrière et engager le tissu sous le pied presseur.

02

Baisser le pied presseur pour maintenir le tissu pendant la couture.

03

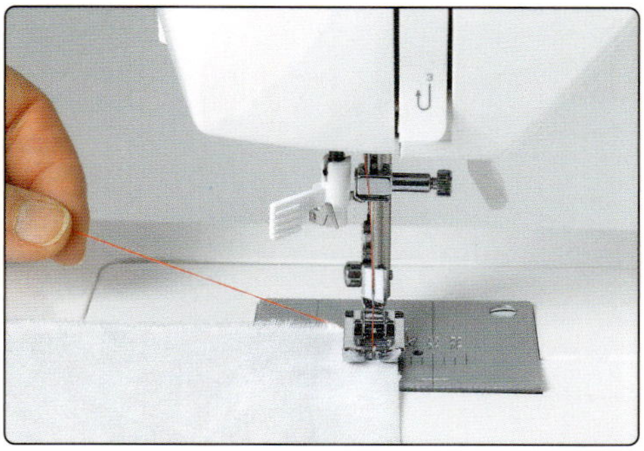

Tout en maintenant les fils, appuyer sur la pédale pour lancer la machine et commencer à coudre. Plus la pression sur la pédale est forte, plus la machine va vite. Coudre pendant 1 cm.

04

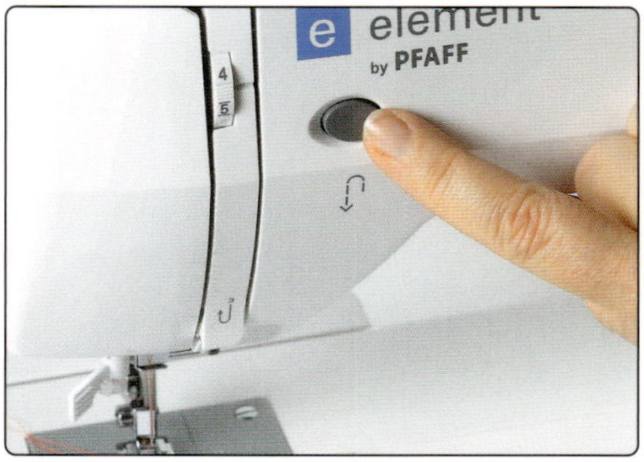

Former les points d'arrêt en appuyant sur le bouton de marche arrière.

05

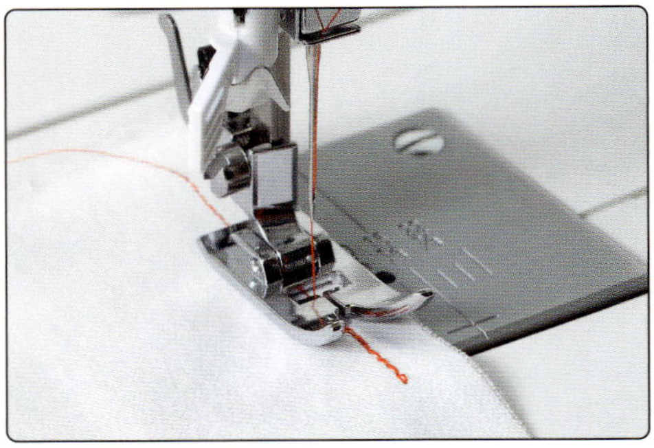

Lâcher le bouton et appuyer sur la pédale pour relancer les points avant. Les points se forment et les griffes entraînent le tissu vers l'arrière.

06

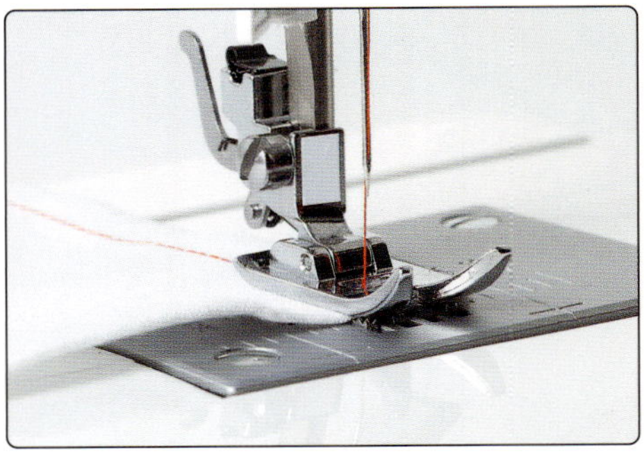

À la fin de la couture, refaire un point d'arrêt avant d'arrêter d'appuyer sur la pédale.
La machine s'arrête et le releveur de fil est automatiquement en position la plus haute.

07

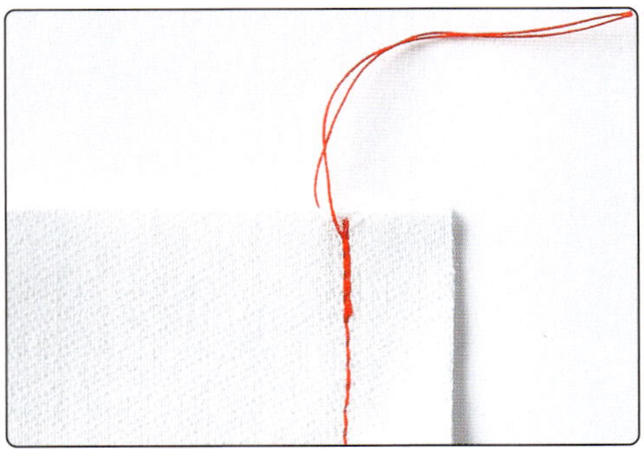

La couture est terminée. Grâce aux points d'arrêt, elle est sécurisée et restera bien en place.

ASTUCE

Si les fils ne sont pas tenus en début de couture, ils forment un amas sur l'envers du travail. Veillez donc à bien tenir les fils lors des 4 ou 5 premiers points.

14 PIQUER DROIT

Pour coudre droit, il faut guider le tissu sous la machine et non pas appuyer dessus en le laissant glisser entre les mains, car ainsi le tissu est retenu et choisit sa direction.

01

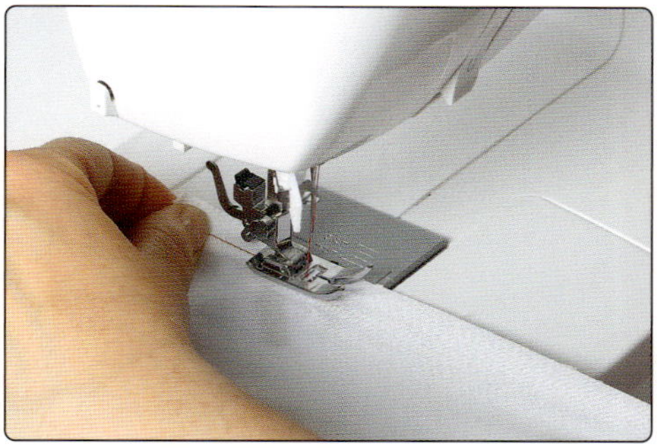

Tenir le tissu de la main droite en le pinçant, pouce sous le tissu et tous les autres doigts au-dessus, puis tourner légèrement le pouce vers le haut.

02

De la main gauche, maintenir le tissu derrière le pied presseur en le pinçant délicatement.

03

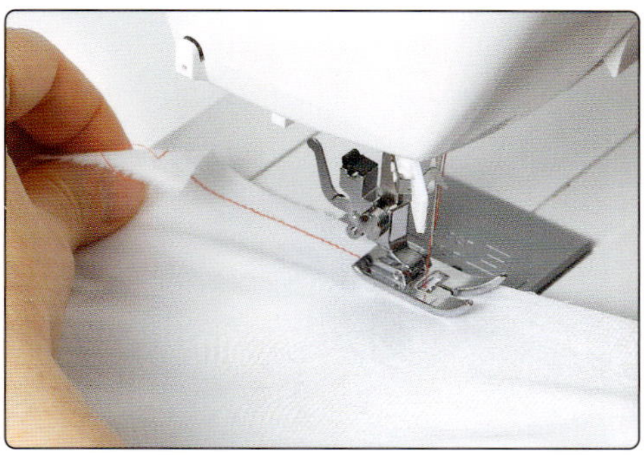

Maintenant, accompagner le tissu sous la machine en avançant les mains en même temps que lui. Le couturier maîtrise ainsi la direction qu'il prend.

PIQUER EN ANGLE 14

Cette technique est fréquemment utilisée. S'ils ne sont pas bien réalisés, les angles ne sont pas précis et la couture n'est pas belle.

01

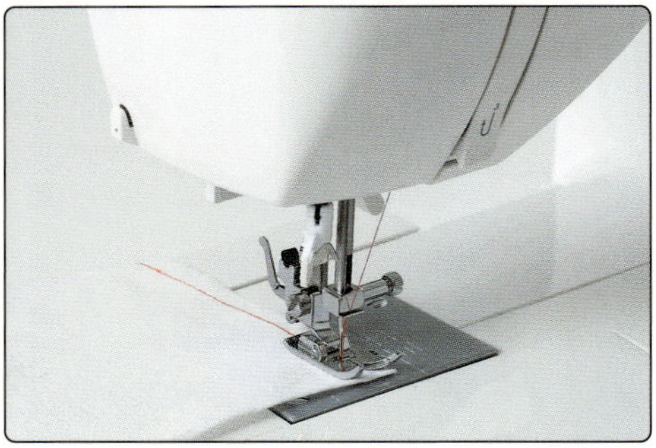

Coudre droit jusqu'à 1 cm du bord et arrêter de piquer. Planter l'aiguille dans le tissu en tournant le volant vers soi.

02

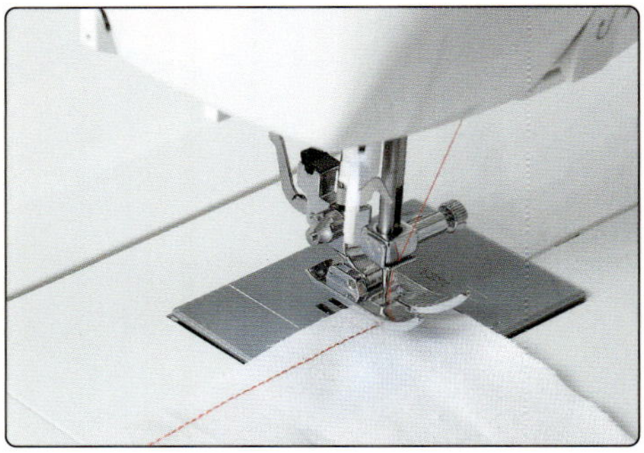

Lever le pied presseur et faire pivoter le tissu jusqu'à la nouvelle direction. Le fait de planter l'aiguille permet de faire pivoter le tissu et de changer de direction sans sauter de point.

03

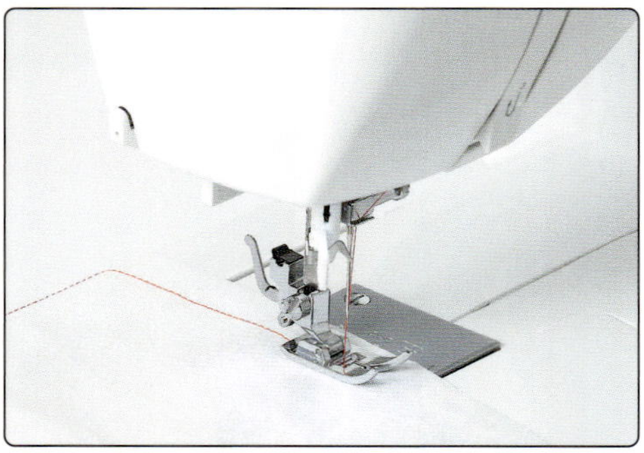

Baisser le pied presseur et reprendre la couture normalement.

ASTUCE

Pas facile de coudre bien droit quand on débute. Pour vous aider, tracez au crayon effaçable les lignes de couture. Vous n'aurez plus qu'à les suivre à la machine

15 PIQUER EN TUBE

Coudre en tubulaire consiste à coudre en cercle, notamment pour la couture d'un ourlet, mais aussi pour celle des manches, des poignets... Il y a plusieurs façons de coudre en tubulaire : en tournant autour du bras de la machine ou en faisant tourner le tissu sur lui-même.

EN ENLEVANT LE BRAS AMOVIBLE

01

Retirer la table de la machine en la tirant vers la gauche. Passer le travail à coudre autour du bras et le placer correctement sous l'aiguille.

02

Baisser le pied presseur et commencer à coudre en maintenant bien les fils et le tissu. Accompagner le tissu pour l'aider à tourner autour du bras.

03

Continuer jusqu'à ce qu'un tour soit presque fait. Couper les fils du début à ras.

04

Piquer sur 1 cm environ du début de la couture pour faire un point d'arrêt afin de la sécuriser. Relever le pied presseur et sortir le travail.

EN CONSERVANT LE BRAS AMOVIBLE

01

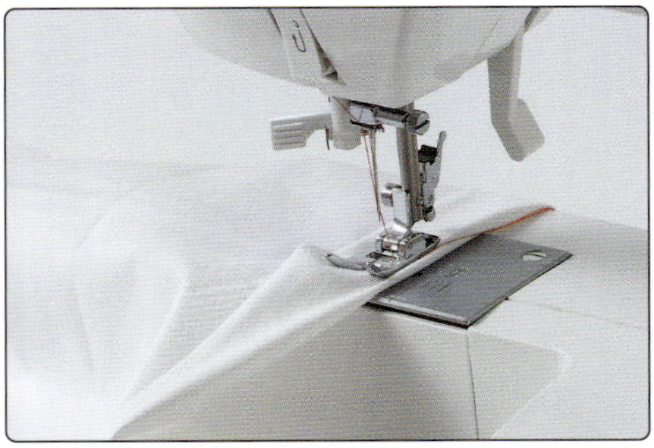

Par réflexe, on a tendance à positionner le tissu en cachant le reste de la couture en tubulaire, comme quand on coud avec le bras amovible enlevé, au risque de prendre du tissu dans la couture.

02

Mettre le travail sous l'aiguille de façon à toujours voir les épaisseurs sur le dessus. C'est la clé de la réussite avec cette méthode qui permet de garder toujours un œil sur tout le tissu.

03

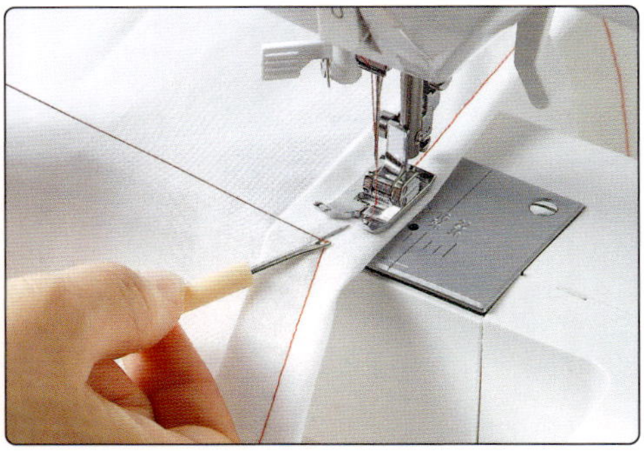

Baisser le pied presseur et commencer à coudre en maintenant bien les fils et le tissu. Accompagner le tissu en s'arrêtant de temps en temps pour ramener le travail devant soi.

04

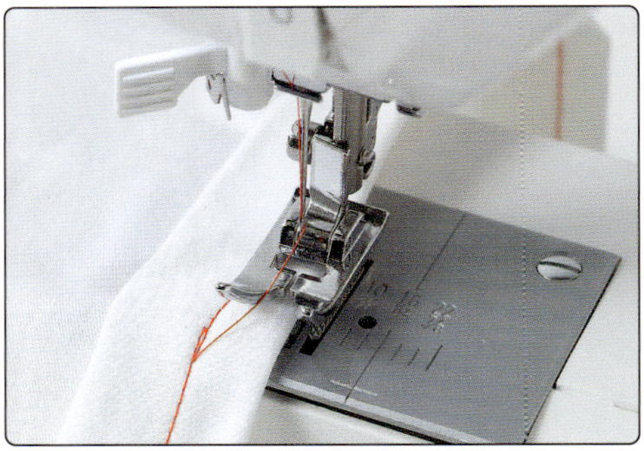

Quand les fils du début sont proches du pied presseur, les couper à ras. Piquer sur 1 cm environ du début de la couture pour faire un point d'arrêt afin de la sécuriser.

16 DÉCOUDRE

Se tromper arrive à tous les couturiers. Ce n'est pas très grave. Pour découdre, il faut couper le fil avec un coupe-fil. Cette méthode a l'avantage d'être précise et de ne pas trouer ni déchirer le tissu. Avec un peu de pratique, c'est très rapide.

01

Commencer par couper les points du fil supérieur à intervalles réguliers, tous les centimètres environ ou tous les 4 ou 5 points.

02

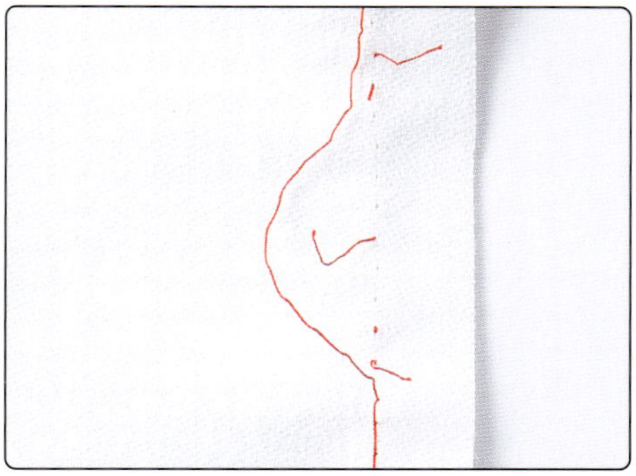

Retourner le tissu et tirer délicatement sur le fil de la canette. Tout le fil s'enlève facilement.

03

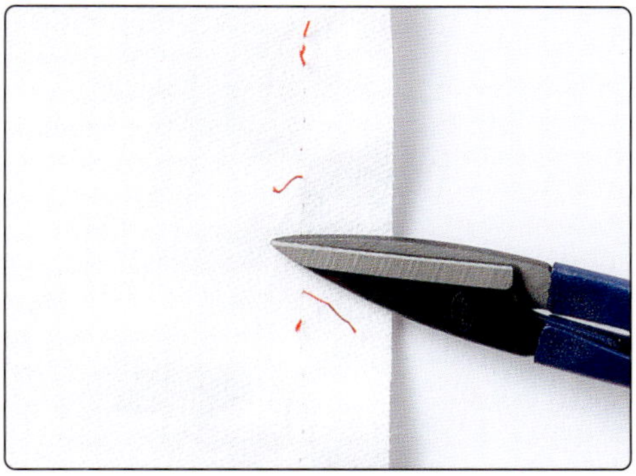

Pincer le coupe-fil et, du plat de la lame, frotter les petits bouts de fil pour les faire sortir facilement du tissu et les enlever. Repasser le tissu pour faire disparaître les trous d'aiguille.

ASTUCE

Le découseur est un outil à l'extrémité en forme de U dont l'intérieur est coupant. Cela permet de guider le fil vers la fente et de le couper très rapidement. Attention, si le découd-vite a l'avantage de découdre rapidement, il peut tout aussi vite faire un trou dans le tissu. Il est à utiliser avec précaution.

LE REPASSAGE 16

Le fer à repasser est l'allié du couturier. Il sert à aplatir les marges de couture et à les orienter lors de l'assemblage d'un vêtement, il aplatit également les épaisseurs des pinces et des plis. Il met aussi en forme les tissus coupés dans le biais.

Voilà ce que vous devez avoir à portée de main dès que vous commencez à coudre.

Un fer à repasser à vapeur présentant une semelle traitée super glisse, une touche vaporisateur pour effacer les plis disgracieux et une touche pressing qui met la vapeur sous pression pour les tissus épais.

Une planche à repasser stable, réglable en hauteur et assez longue et large pour faciliter le repassage.

Une jeannette pour le repassage des pièces étroites montées en rond comme les cols et les têtes de manche. C'est une petite planche munie d'un pied libre et recouverte elle aussi d'un molleton.

Une pattemouille pour faciliter le repassage et ne pas abîmer les tissus fragiles. Elle s'utilise soit humide, soit à sec, en fonction de la composition des tissus.

Un vaporisateur pour humidifier les toiles de coton ou de lin, qui se repassent plus facilement lorsqu'elles sont humides.

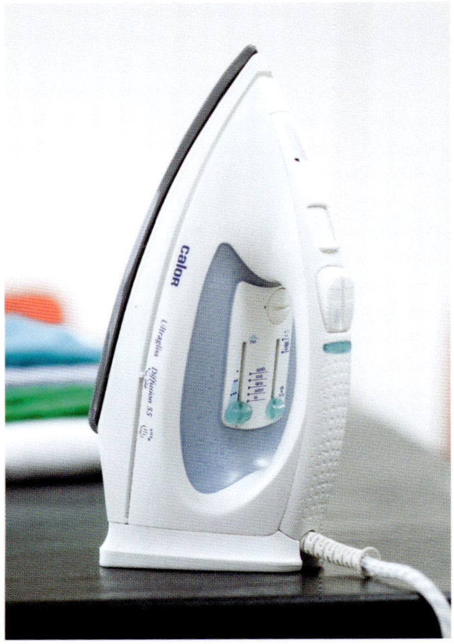

QUELQUES CONSEILS DE REPASSAGE

Il est nécessaire de nettoyer régulièrement la semelle de son fer à repasser car elle s'encrasse à cause de l'apprêt des tissus qui s'y dépose sous l'action de la chaleur. La solution la plus simple consiste à régler le fer sur la position soie et à frotter la semelle à l'aide d'un chiffon humide imbibé de vinaigre d'alcool.
Si vous n'utilisez pas toujours d'eau déminéralisée pour remplir le réservoir, il est nécessaire de détartrer votre fer. Vous pouvez utiliser les produits du commerce, en vous référant aux instructions du fabricant, ou bien opter pour la solution écolo : réglez le fer sur la position coton. Diluez une dose de vinaigre d'alcool dans deux doses d'eau. Remplissez le réservoir du fer avec ce mélange. Débranchez le fer et posez-le à plat sur une assiette creuse. Le fer se vide goutte à goutte, entraînant le tartre. Recommencez l'opération autant de fois que cela s'avère nécessaire.

17 LE VOCABULAIRE

L'univers de la couture a son propre langage et certains noms de tissus, de procédés de montage, de formes de vêtements possèdent des intitulés et des définitions bien précis. Certains sont connus dans le langage courant, d'autres, plus subtils, ne sont employés que dans le cercle restreint des couturiers, qu'ils soient professionnels ou non. Cette liste récapitule les principaux termes utilisés dans le domaine de la couture.

A

Arrondir : consiste à ajuster un ourlet de jupe ou de robe. La mesure de cet ourlet doit s'effectuer du sol vers l'ourlet. En mercerie, il existe un petit instrument coulissant sur pied muni d'une craie tailleur qui permet de tracer la ligne d'ourlet directement sur le vêtement porté.

B

Bâtir : pour bâtir, on réalise un premier assemblage à grands points effectués à la main ou à la machine. Cet assemblage permet un premier essayage et d'éventuelles retouches avant l'assemblage final. Le bâti se découd sans peine après avoir piqué le vêtement.

Biais : bande taillée dans le biais du tissu. Il est plié de telle manière qu'il se pose à cheval sur les bords du tissu.

Biais (travailler en) : un vêtement ou une pièce du patron coupés dans le biais, ligne qui se situe à 45° par rapport aux lisières, apporte une souplesse naturelle au modèle. Il suffit de tendre le tissu dans cette diagonale pour constater qu'il s'étire naturellement.

Bride : boutonnière indépendante réalisée dans une bande de tissu ou en brodant au point de feston une petite anse en fil.

C

Chas : partie percée de l'aiguille par où on passe le fil.

Cône : fil à coudre enroulé sur une bobine de carton ou de plastique de forme conique.

Coulisse : ourlet ouvert sur sa hauteur dans lequel on glisse un cordon. La coulisse permet de resserrer le tissu autour de la taille, du cou, du poignet ou bien sert d'ouverture réglable à certains ouvrages de décoration.

Curseur : pièce métallique ou en matière plastique qui forme le chariot d'une fermeture à glissière. Le curseur se glisse le long des deux chaînes de la fermeture pour l'ouvrir ou la fermer.

D

Doublure : fin tissu qui se pose sur l'envers d'un vêtement afin de le soutenir et de cacher les assemblages.

Droit-fil : le droit-fil indiqué sur les pièces du patron est parallèle aux lisières et correspond aux fils de la chaîne.

Tissu dossé : se dit d'une pièce de tissu présentée pliée en deux, endroit contre endroit, et enroulée sur une planchette rectangulaire. Ce pliage se nomme également « pli marchand ».

E

Effilochures : extrémités des fils de chaîne ou de trame laissées libres après la coupe des pièces du patron. Un surjet ou un ourlet peuvent cacher ces fils.

Empiècement : morceau de tissu sur lequel est cousue une partie des autres pièces du modèle.

Envers contre envers : certains assemblages se font envers contre envers, notamment la première étape de la couture anglaise. Les deux tissus des pièces sont alors posés l'envers de l'une contre l'envers de l'autre. Il faut dans ce cas poser une pièce à plat, envers face à vous, et placer l'autre pièce par-dessus, endroit face à vous.

G

Gabarit : forme découpée dans du carton fort qui sert de patron.

Gradation : patron de vêtement qui présente un même modèle dans plusieurs tailles.

Grigner : consiste à coudre avec des points trop serrés qui froncent le tissu. Il est impératif de découdre la couture, de régler la machine à coudre et de refaire la piqûre.

J

Jeannette : c'est une petite planche étroite recouverte d'un molleton et montée sur un pied. Elle s'utilise pour le repassage des manches ou des jambes de pantalon.

L

Laize ou lé : correspondent à la largeur de la pièce de tissu, lisières comprises.

M

Marges de couture : tissu compris entre le bord coupé de la pièce de tissu et la couture. En général, il faut toujours prévoir des marges de couture quand on coupe le tissu, à moins que le contraire ne soit indiqué dans les explications. On parle aussi de valeur de couture ou de rentré de couture.

O

Onglet : consiste à replier l'excédent de tissu dans un angle ou sur un ourlet bordant un angle pour former une finition nette.

Ouvrir les coutures : repasser les coutures sur l'envers, une fois celles-ci terminées, pour que les marges de couture s'écartent et s'orientent l'une à gauche, l'autre à droite, afin qu'il n'y ait pas de surépaisseurs de tissu.

P

Passepoil : cordonnet ou lacet enveloppé dans une bande de tissu et comportant une partie plate pour la coudre sur le bord d'une pièce du vêtement. Seul le relief du passepoil est visible sur l'endroit.

Pattemouille : morceau de tissu en coton blanc et décati que l'on place à sec ou humide entre la surface du tissu et la semelle du fer à repasser.

Pied de biche ou pied presseur : accessoire en métal qui se situe à l'extrémité inférieure de la barre de la machine à coudre. Sa partie inférieure plate permet de presser le tissu sur les griffes d'entraînement. Il existe plusieurs formes de pieds de biche qui présentent la particularité d'aider à la réalisation de coutures ou de montages différents.

S

Surfiler : consiste à effectuer un point de surfil sur le bord des pièces de tissu pour éviter les effilochures.

Surjeter : consiste à réaliser à la main ou à la machine un point en zigzag qui retient les effilochures des bords du tissu. Certaines machines à coudre réalisent ce point simultanément à une piqûre lors de l'assemblage de deux pièces.

18 FORMER UNE PINCE

Les pinces sont constituées d'un rentré en forme de triangle ou de fuseau qui permet d'ajuster le vêtement aux courbes du corps.

PIQUER LA PINCE

01

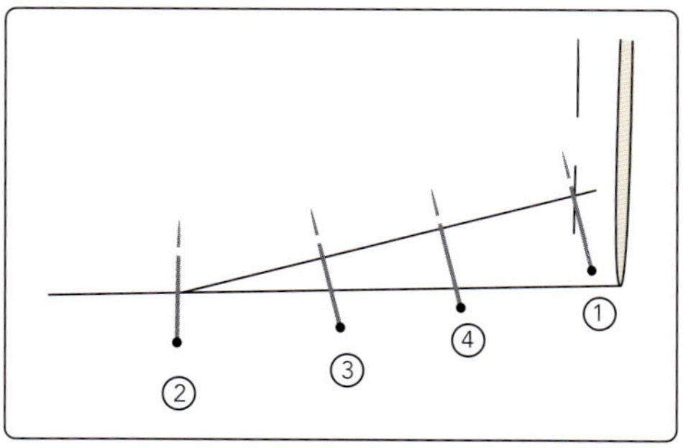

Plier la pince, endroit contre endroit, et épingler.

02

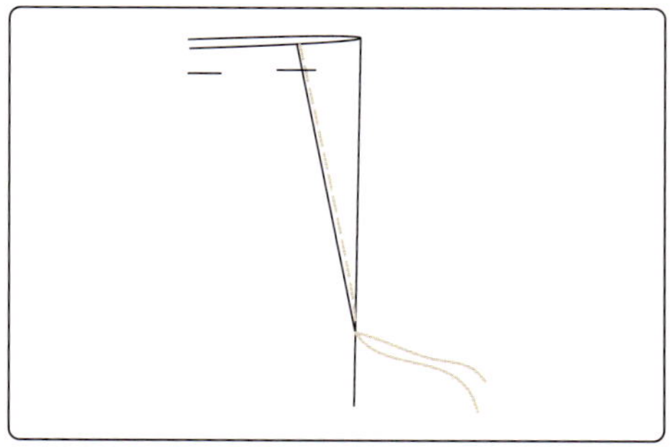

Piquer de la partie la plus large vers la pointe.

ARRÊTER LA PIQÛRE

01

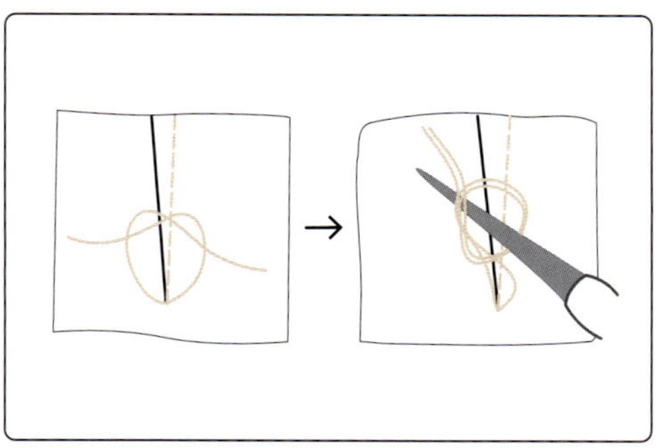

Nouer les 2 fils ensemble. Les réunir et former une boucle.

02

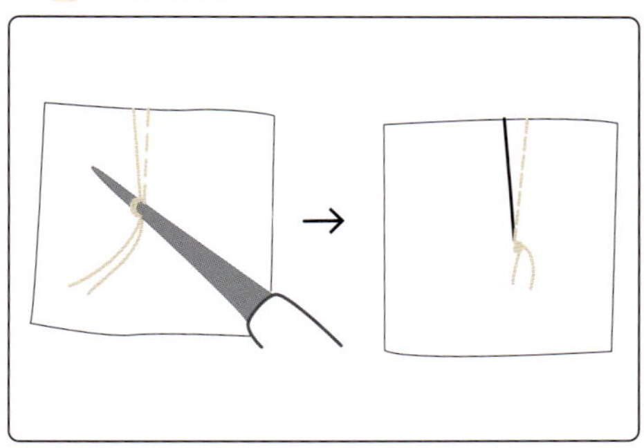

Resserrer la boucle autour de la pointe du poinçon et glisser le nœud jusqu'à la pointe, contre l'étoffe. Couper les fils à 2 mm du nœud.

REPASSER LA PINCE

01

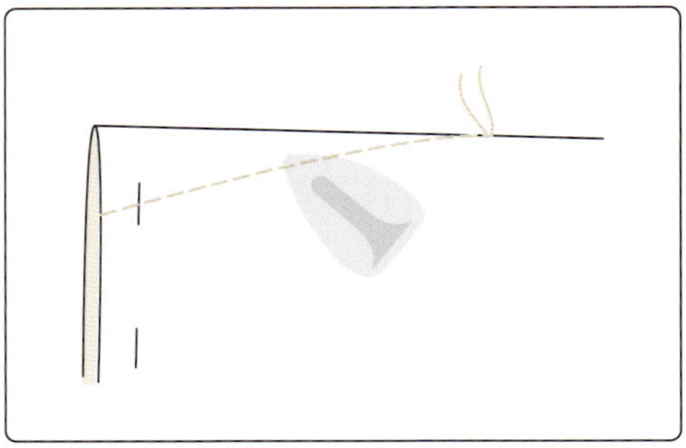

Le repassage permet d'affiner la couture de la pince. Repasser la ligne de couture.

02

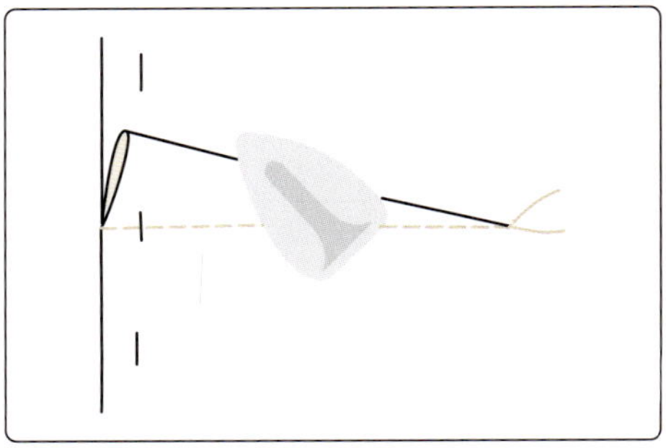

Déployer ensuite les 2 épaisseurs de la pièce à plat sur la planche. Rabattre sur un côté le surplus de tissu de la pince.

UN PETIT TRUC MALIN

Il y a des règles d'usage en ce qui concerne l'orientation du surplus des pinces. Rabattez les pinces de taille des jupes et des pantalons (A) vers le centre de la pièce ainsi que les pinces en fuseau (A). Les pinces poitrine se rabattent vers le bas (B).

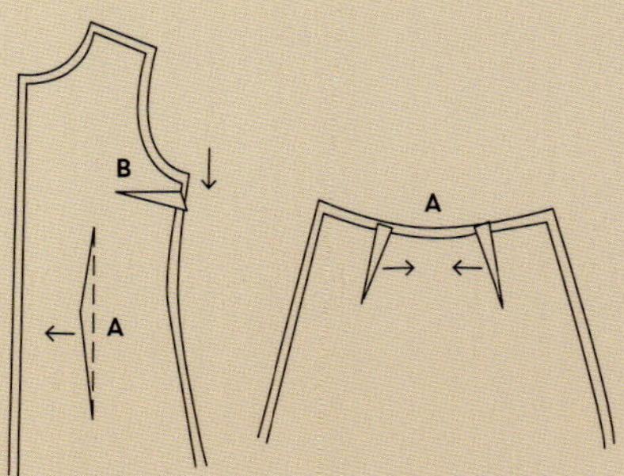

19 FORMER DES PLIS

Certains modèles de jupe ou de pantalon présentent des plis.
Ces plis peuvent être orientés de différentes façons en fonction de l'effet désiré.

LE PLI PLAT

LE RENDU

LE SCHÉMA

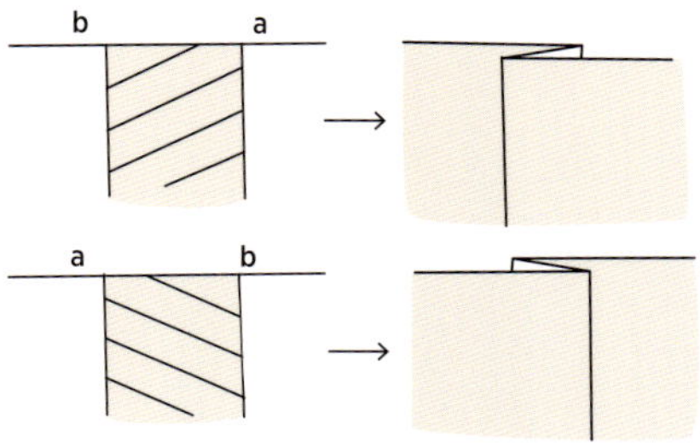

LE PIED PRESSEUR

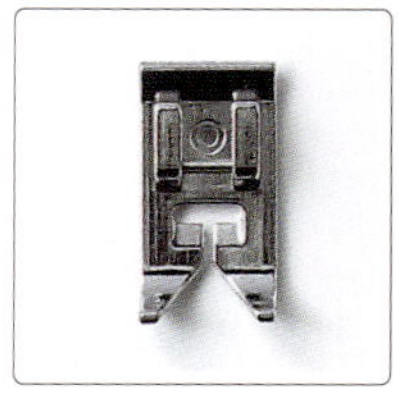

L'EXPLICATION

Plier le tissu en superposant les repères deux par deux, le repère **a** sur le repère **b**. Épingler. Piquer la largeur du pli dans la valeur de couture pour le maintenir. Attention, les plis plats sont toujours tournés dans la même direction.

LE PLI CREUX

LE RENDU

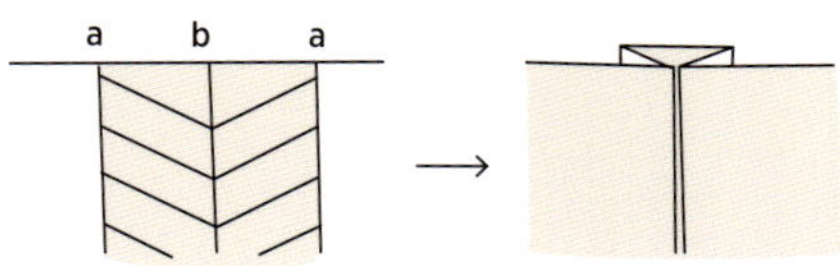

LE PIED PRESSEUR

L'EXPLICATION

Le pli creux a la particularité d'avoir un fond de pli de chaque côté. Les bords du pli sont au milieu. Sur les patrons, le sens des hachures indique la direction dans laquelle le tissu doit être plié. Plier le tissu en superposant les repères **a** sur le repère **b**. Épingler. Piquer la largeur du pli dans la valeur de couture pour le maintenir.

LE PLI ROND

LE RENDU

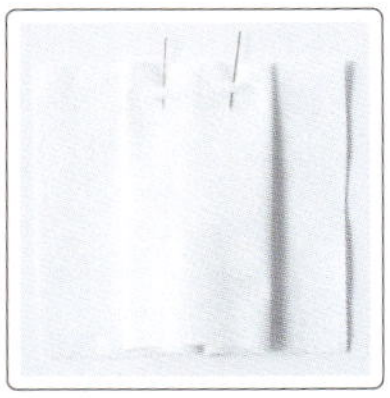

LE SCHÉMA

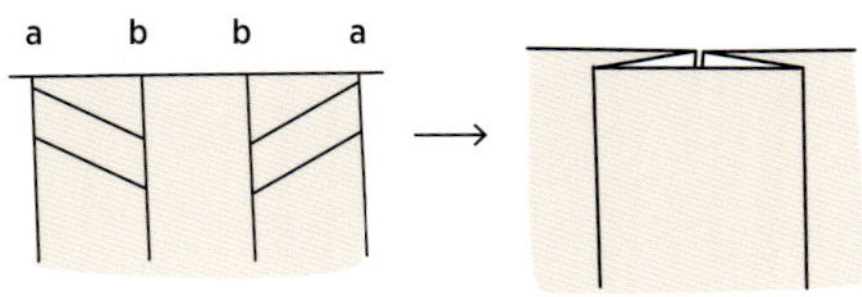

LE PIED PRESSEUR

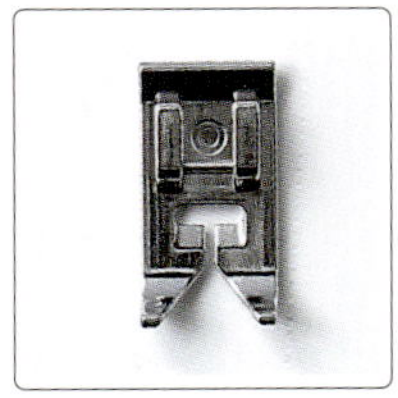

L'EXPLICATION

Le pli rond est constitué de deux plis plats dont le fond est couché sur l'endroit du tissu et dont les bords sont situés de chaque côté du pli. Plier le tissu en positionnant les repères **a** sous les repères **b**. Maintenir les plis en réalisant quelques points de bâti. Piquer la largeur du pli dans la valeur de couture pour le fixer.

UN PETIT TRUC MALIN

Il est possible de surpiquer le bord d'un pli pour solidifier la couture ou juste pour une question d'esthétique. Il faut surtout commencer et finir avec quelques points d'arrêt pour bloquer la couture.

20 FORMER DES FRONCES

Les fronces sont une accumulation de tissu sur un fil. Elles figurent souvent à la taille des jupes ou en haut des manches. Elles sont là pour donner du volume ou de l'ampleur au vêtement.

01

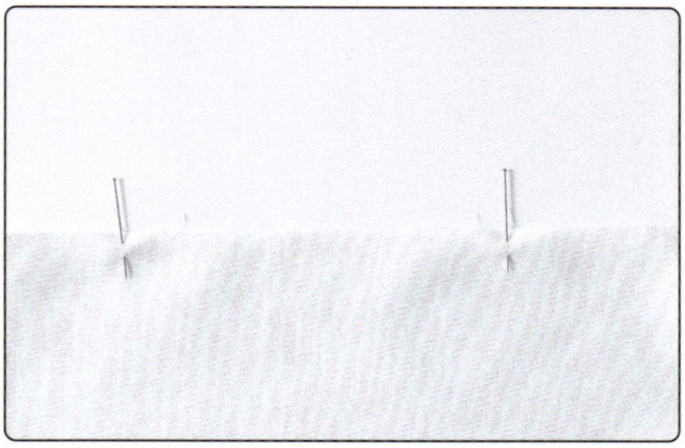

Mettre des repères sur la partie à froncer.

02

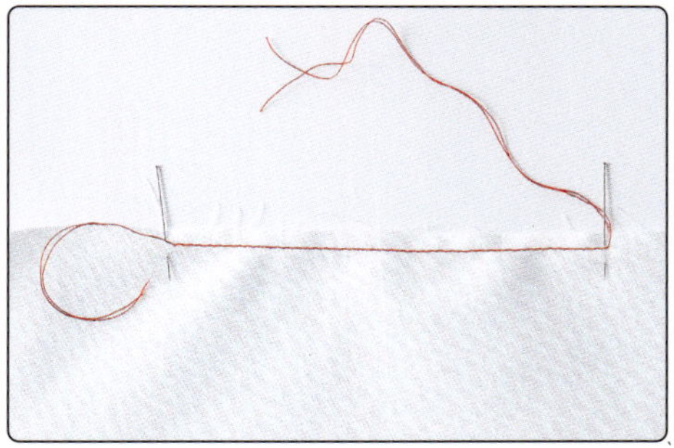

Régler le point de piqûre au plus long et piquer une ligne de fils de fronces au point droit.

03

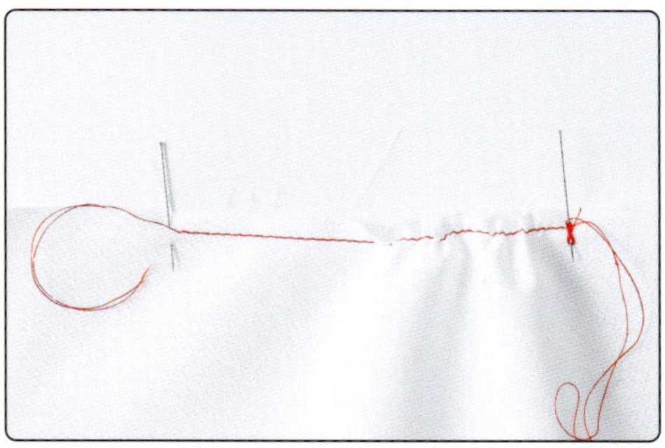

Nouer les 2 fils ensemble. Les réunir et former une boucle.

04

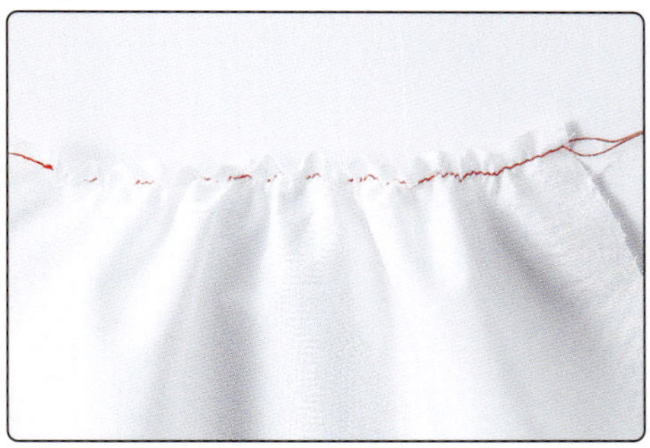

Resserrer la boucle autour de la pointe du poinçon et glisser le nœud jusqu'à la pointe, contre l'étoffe. Couper les fils à 2 mm du nœud.

POSER DES MOUSQUETONS

Savoir fixer des mousquetons peut s'avérer très utile pour remplacer des bandoulières de sac usées.

01

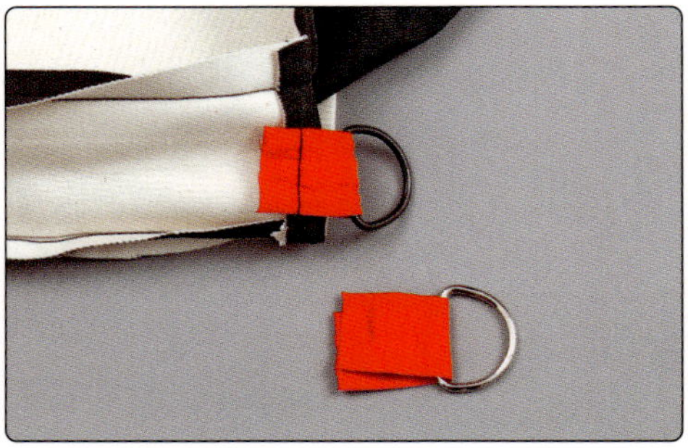

Couper deux fois 8 cm de ruban, les plier en deux et glisser les demi-lunes au centre du pli. Épingler les rubans sur le haut des soufflets en les centrant. Piquer.

02

Replier 4 cm aux extrémités de la bandoulière en simili cuir et y glisser un mousqueton. Piquer à 1,5 cm de l'anneau du mousqueton. Réaliser deux piqûres à 5 mm de distance.

03

Monter les mousquetons dans les demi-lunes pour accrocher la bandoulière à la besace.

21 FAIRE UN OURLET

Les vêtements nécessitent des finitions impeccables pour éviter qu'ils ne se déforment à l'usage. Pour cela, il est généralement conseillé de faire des ourlets constitués d'un seul repli lorsque l'on rabat une parementure ou un col, par exemple, et des ourlets à deux replis dans le cas du bas d'une robe, d'une jupe, de manches...

COUDRE UN OURLET À 1 REPLI

LE RENDU

LE SCHÉMA

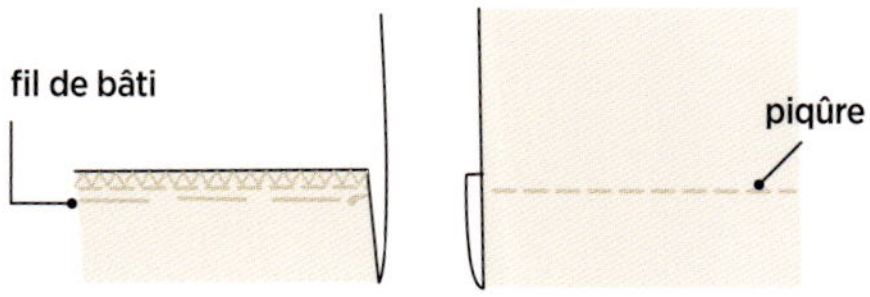

LE PIED PRESSEUR

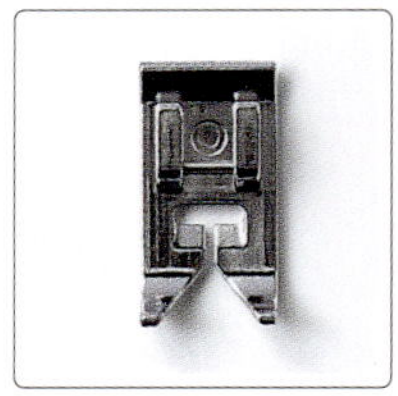

L'EXPLICATION

Surfiler le bord de la pièce et rabattre la valeur de l'ourlet vers l'envers de la pièce. Utiliser une règle graduée de tailleur pour tracer cette ligne de pli. Passer un fil de bâti à 5 mm du bord de l'ourlet puis piquer l'ourlet sur l'envers.

COUDRE UN OURLET À 2 REPLIS

LE RENDU

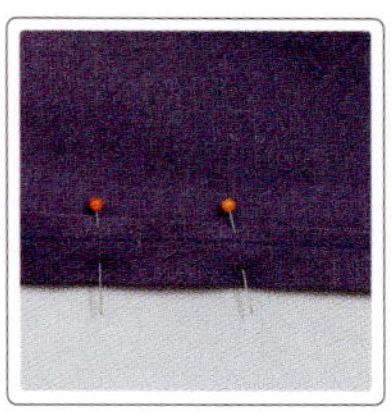

LE SCHÉMA

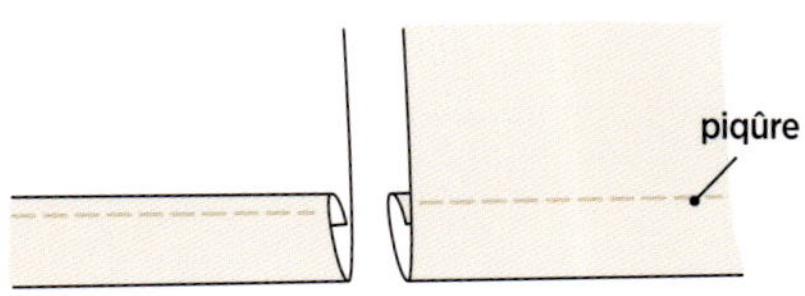

LE PIED PRESSEUR

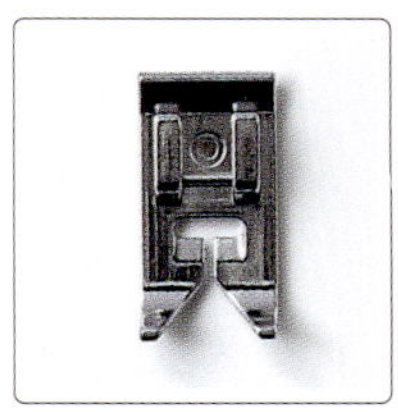

L'EXPLICATION

Sur l'envers du tissu, marquer des repères de pli grâce aux graduations imprimées sur la règle de tailleur. Ce premier pli se situe à 1 cm du bord. Marquer le second pli en fonction des indications du patron. Former le premier rentré au fer en suivant les premiers repères. Marquer au fer le second pli en suivant les seconds repères, toujours sur l'envers du tissu. Piquer sur l'envers de façon à prendre les 3 épaisseurs de tissu.

COUDRE UN OURLET INVISIBLE À LA MACHINE

Le pied presseur pour ourlet invisible possède un guide ajustable qui permet d'aligner le bord du pli de façon à ne coudre qu'une toute petite partie du pli du tissu. Seule une série de petits points est visible sur l'endroit. S'ils sont trop voyants, dévissez le guide amovible pour diminuer la distance du bord du pli avec l'aiguille.

01

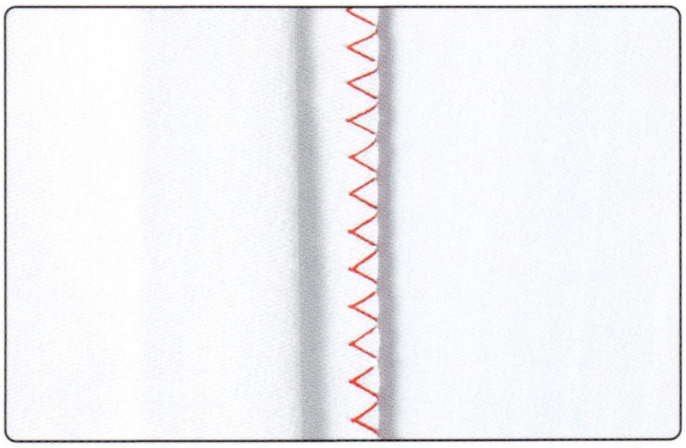

Commencer par surfiler le bord du tissu. Faire un pli puis le replier sur lui-même de façon à ne laisser dépasser que 1 cm du pli (vue sur l'envers).

02

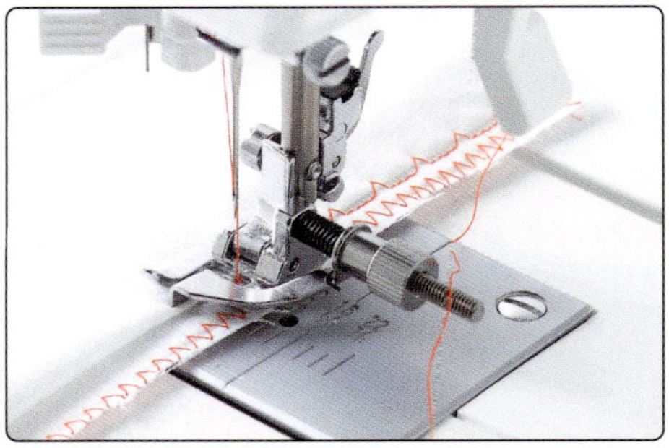

Positionner le tissu sous le pied presseur de façon que le pli passe le long du guide ajustable. L'aiguille ne doit piquer que dans le bord du pli.

LE RENDU

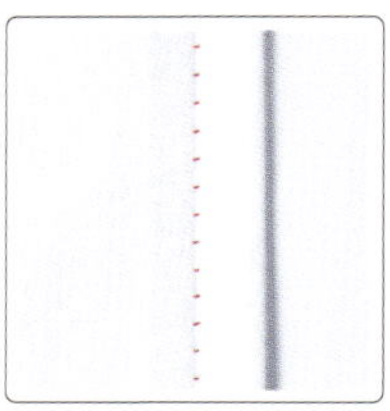

LE POINT

LE PIED PRESSEUR

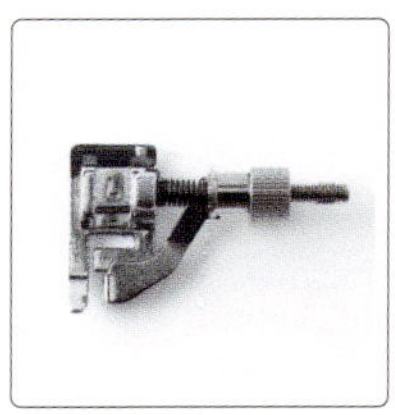

22 CRÉER DES BRIDES

Les brides, taillées directement dans le tissu ou réalisées avec un lacet ou un biais, évitent de former des boutonnières. Elles peuvent être visibles ou bien très discrètes à l'intérieur de la ceinture d'une jupe ou d'un pantalon.

01

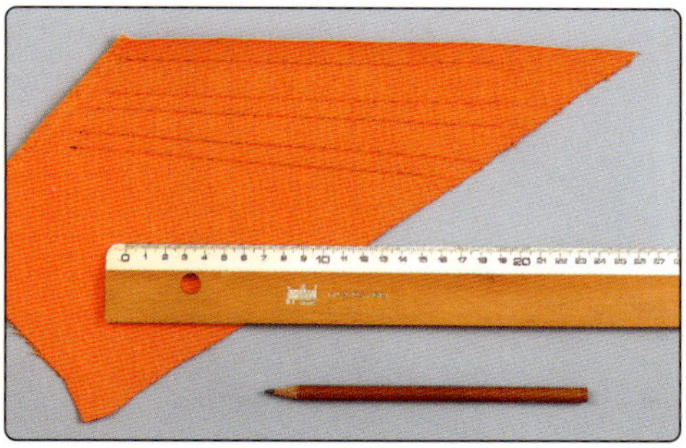

Sur une chute de tissu, à l'aide du crayon à papier et de la règle, tracer deux rectangles de 10 x 1,5 cm. Disposer ces bandes dans le biais du tissu.

02

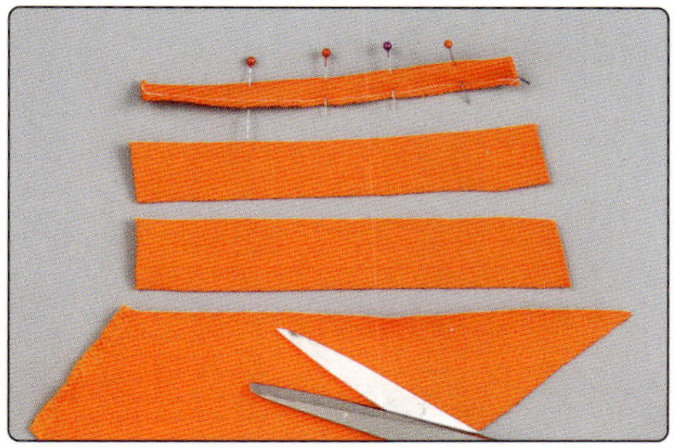

Couper les deux bandes à 1 cm du tracé. Replier ces bandes dans la longueur. Épingler et piquer sur le tracé. Recouper les marges de couture à 3 mm de cette dernière.

03

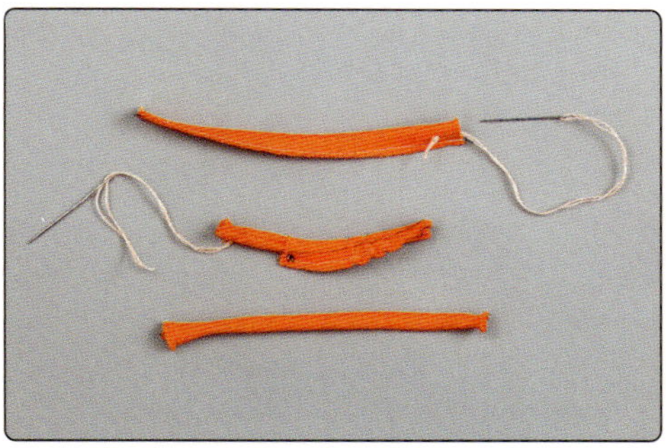

Enfiler un gros coton à broder sur la longue aiguille, faire un nœud. Piquer l'aiguille à une extrémité de la bride, la passer dans le corps de la bride et tirer pour entraîner la première extrémité à l'intérieur du tube et retourner le tissu sur l'endroit.

04

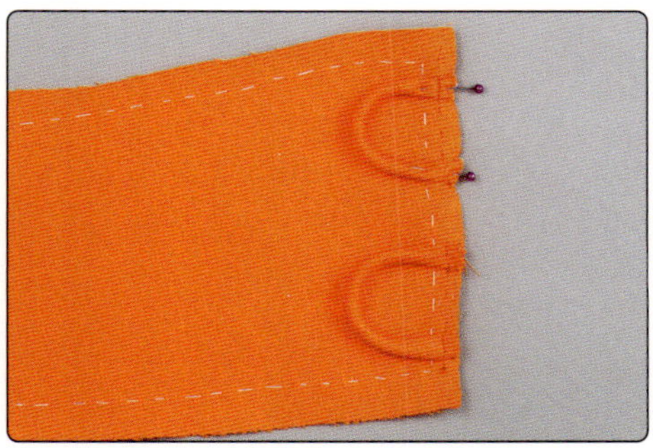

Tissu endroit vers soi, épingler les deux brides sur le bord gauche du dessus du col, extrémités vers l'extérieur. Bâtir les extrémités des brides sur la marge de couture. Les brides terminées mesurent 38 mm de diamètre.

05

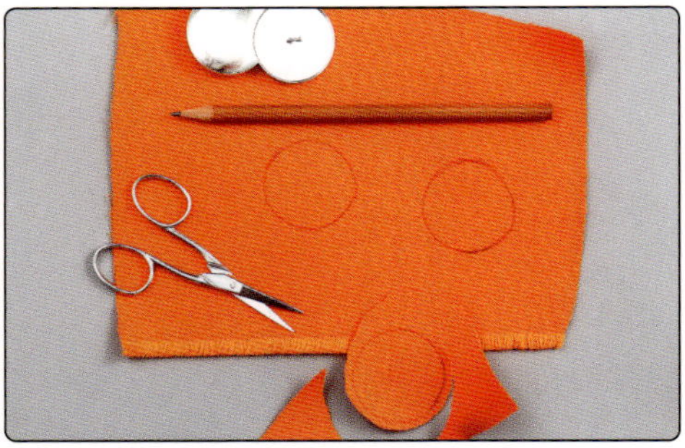

Dans une chute de tissu, relever la circonférence des deux boutons à l'aide du crayon à papier. Couper à 5 mm du tracé.

06

Passer un fil de fronces sur le pourtour des cercles précédemment découpés. Placer la calotte du bouton sur ce cercle et tirer le fil de fronces. Bien lisser le tissu sur la forme et enfoncer la partie plate du bouton dans le creux de la calotte.

07

Coudre les boutons en vis-à-vis des brides. Prendre une aiguillée de fil double et fixer la queue du bouton par plusieurs points arrière.

23 ASSEMBLER UNE MANCHE

La tête de manche et l'emmanchure offrent des contours courbes. L'assemblage de ces courbes nécessite de procéder par étapes pour que le résultat soit parfait. Cette méthode de montage à plat est plutôt à réserver aux vêtements de forme simple comme des blouses, des tee-shirts, des sweats.

01

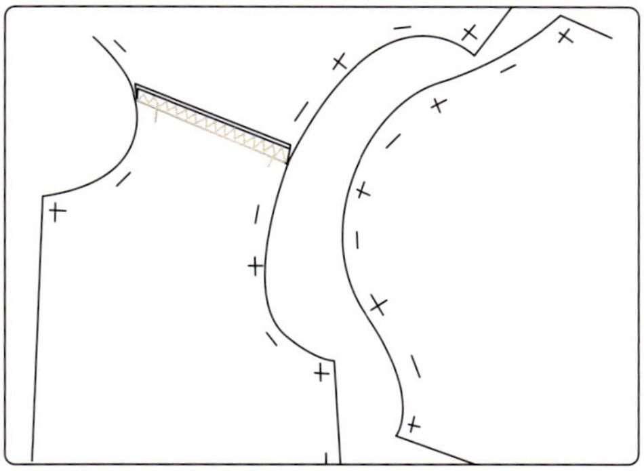

Assembler le devant et le dos par la couture d'épaule, endroit contre endroit. Déployer le vêtement à plat et placer la tête de manche en vis-à-vis de l'emmanchure.

02

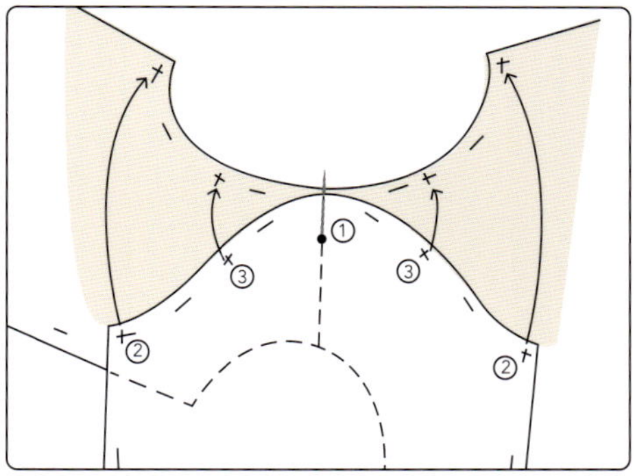

Épingler, endroit contre endroit, en commençant par fixer le centre de la tête de manche en vis-à-vis de la couture d'épaule (1), puis assembler les angles de la tête de manche et la pointe des emmanchures (2), et enfin ajuster les repères de montage (3).

03

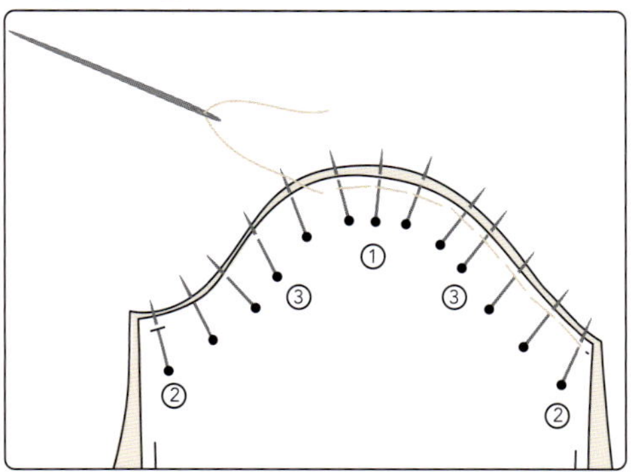

La tête de manche peut être légèrement plus grande que l'emmanchure. Pour l'ajuster, passer un fil de fronces. Tirer doucement dessus en répartissant l'ampleur de la manche. Ajouter des épingles pour fixer l'ajustement.

04

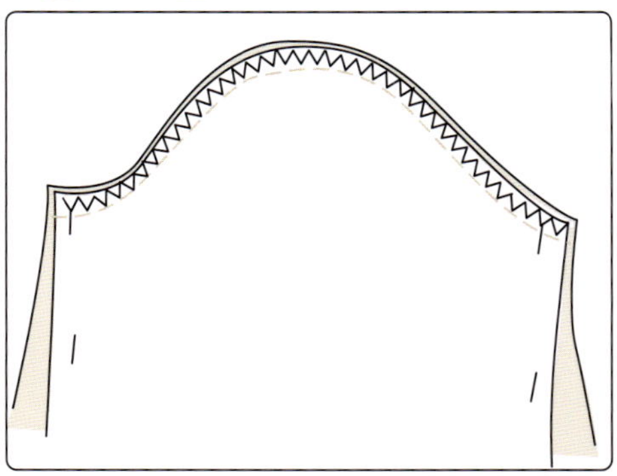

Piquer sur la ligne de montage, endroit contre endroit. Surfiler les valeurs de couture ensemble au point zigzag.

05

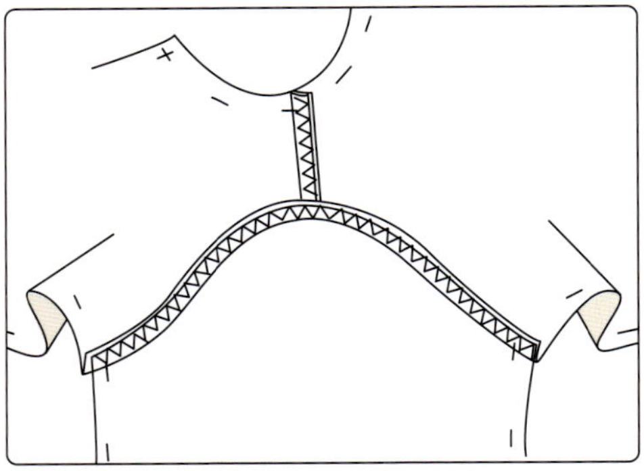

Rabattre au fer les valeurs de couture de la tête de manche vers le dos et le devant.

06

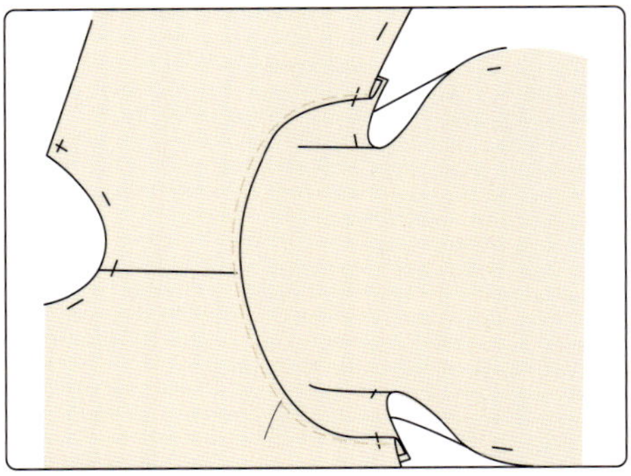

Replacer le vêtement sur l'endroit et surpiquer à 2 mm de la couture sur le côté emmanchure et en piquant dans le tissu du dessus et les valeurs de couture prises sur l'envers.

07

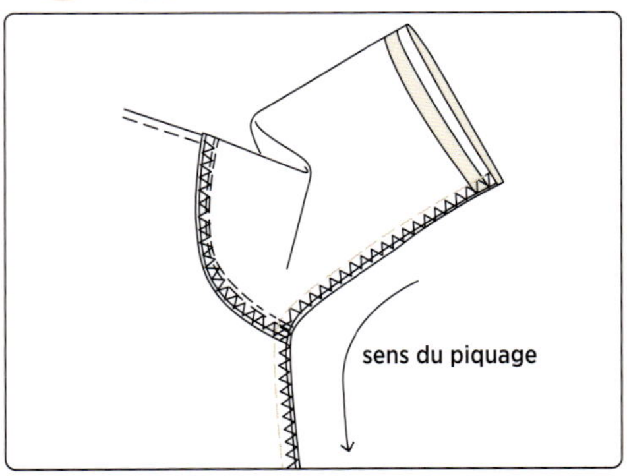

Superposer le devant et le dos, endroit contre endroit. Épingler puis piquer en continu, du bas de la manche jusqu'au bas du vêtement. Surfiler ensemble les valeurs de couture et les rabattre vers le dos avec la pointe du fer.

ASTUCE

On a souvent tendance à vouloir que l'emmanchure ait la même forme que la tête de manche.
Vous risquez alors de ne pas piquer endroit contre endroit mais envers contre endroit.
Il vous faudra tout recommencer ! Vérifiez toujours que vous travaillez bien endroit contre endroit avant de piquer.

24 MONTER UNE BRAGUETTE

Ce montage d'une fermeture à glissière sur la fourche des pantalons est courant. Achetez une fermeture à glissière de la longueur indiquée sur votre patron. Montez la fourche du pantalon avant de confectionner la braguette.

01

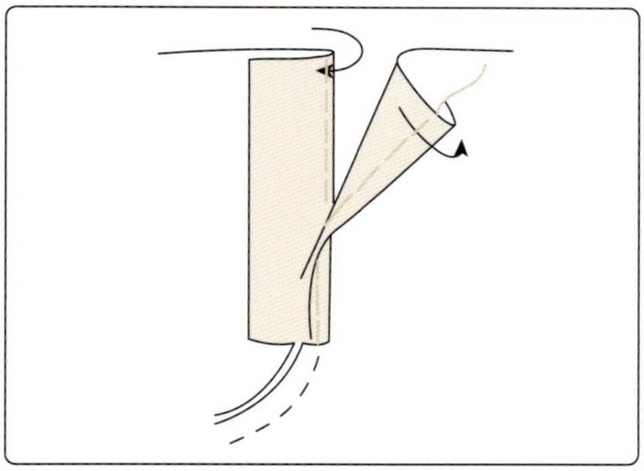

Au fer, rabattez vers l'envers les bords de la fente de la fermeture à glissière comme suit : bâtissez la parementure sur le bord gauche le long du milieu devant. Sur le bord droit de la fente, bâtissez la parementure à 5 mm avant le milieu de la fente pour que la fermeture soit cachée. Crantez le surplus de couture en bas des deux parementures.

02

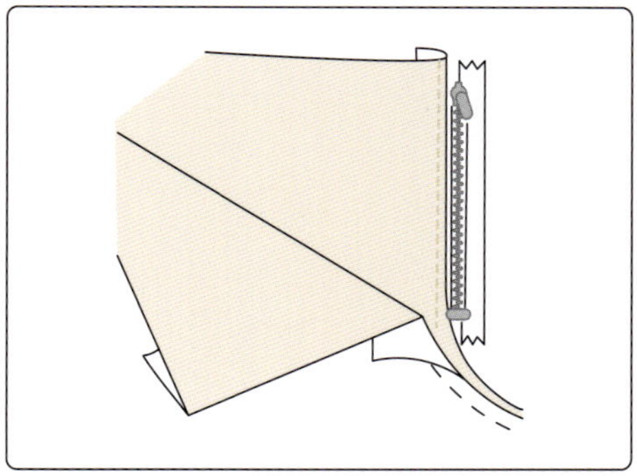

Épinglez le premier ruban de la fermeture au ras des mailles sur le bord droit de la fente. Fixez le pied spécial fermeture à glissière et, sur l'endroit du tissu, piquez la fermeture à 2 mm du pli.

03

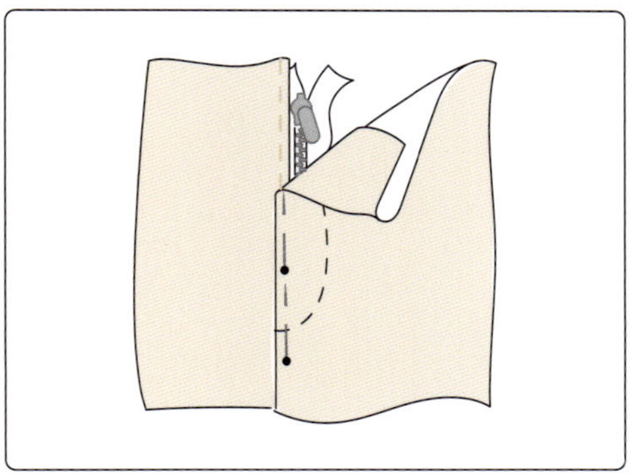

Endroit du tissu face à vous, épinglez le bord droit de la fente en le rabattant milieu contre milieu.

04

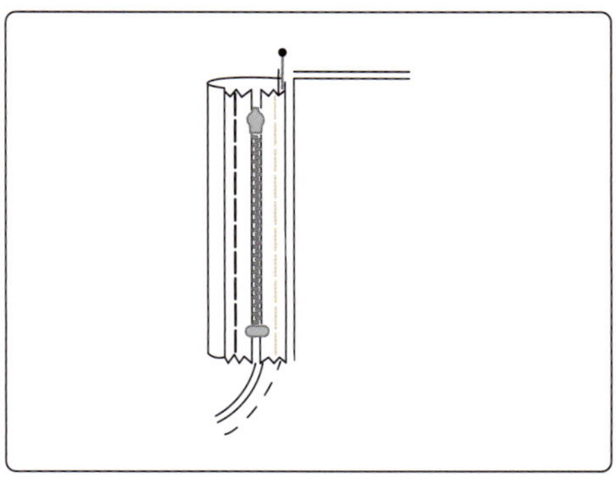

Sur l'envers, épinglez le second ruban de la fermeture sur la parementure gauche. Soulevez la parementure et piquez le second ruban de la fermeture en veillant à ne pas piquer que sur celle-ci.

05

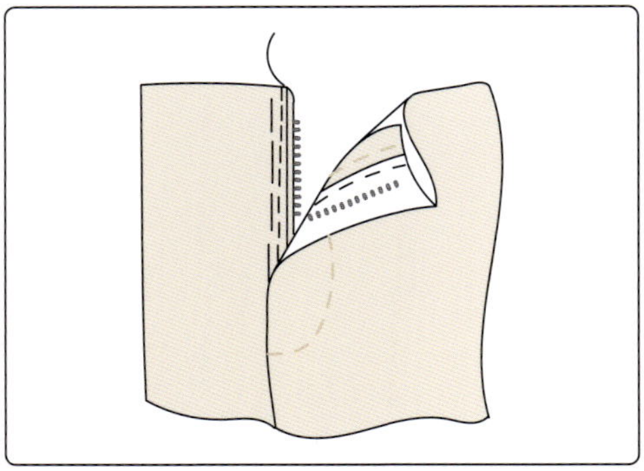

Sur l'endroit du pantalon, surpiquez le bord de la parementure gauche le long du haut en formant l'arrondi de la braguette.

06

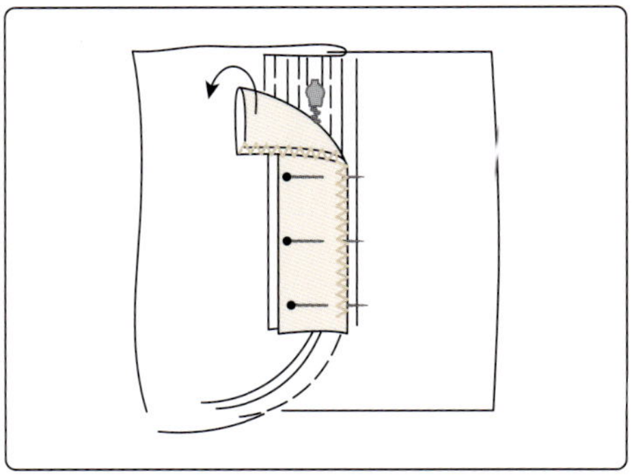

Pliez la sous-patte en deux dans sa longueur. Surfilez ensemble les bords à cru. Épinglez l'endroit de la sous-patte contre l'envers du pantalon, côté surfilé le long du bord droit de la fente. Piquez le bord droit de la fente au ras de la piqûre de la fermeture en prenant la sous-patte.

07

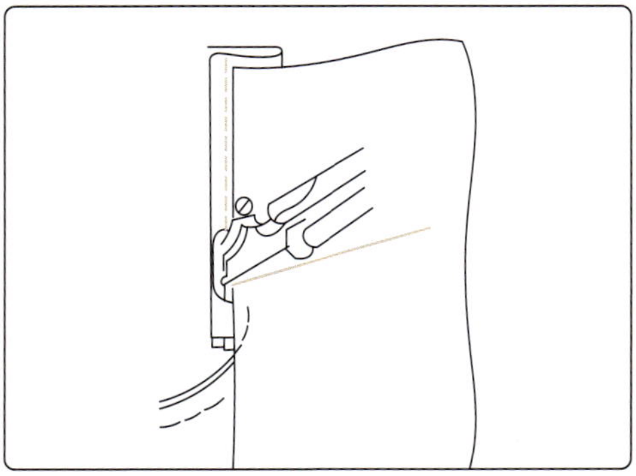

Pour faciliter le travail, rabattez la sous-patte vers l'envers et piquez le long de celle-ci. Formez des points d'arrêt pour solidifier le montage.

08

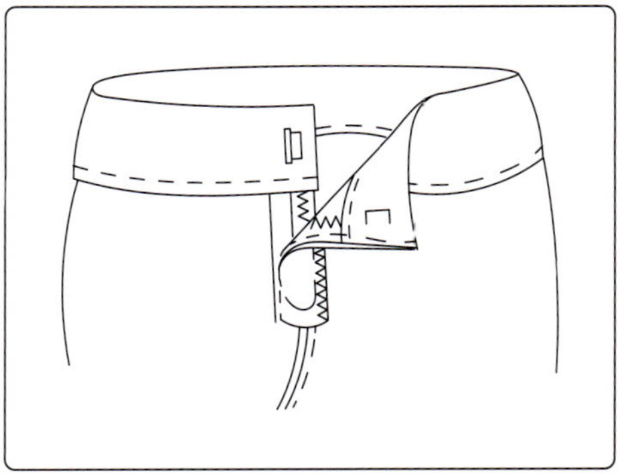

Une fois le montage de la braguette terminé, procédez au montage de la ceinture en prenant en sandwich le haut de la fermeture, des parementures et de la sous-patte à l'intérieur des bords de la ceinture

25 POSER UNE POCHE PLAQUÉE

Savoir coudre une poche plaquée permet d'habiller une chemise mais aussi une robe ou une jupe.

01

Rabattre au fer sur le haut de la poche un repli de 1 cm puis un second de 3 cm. Piquer cet ourlet.

02

Former au fer un repli de 1 cm sur les trois autres côtés. Bâtir.

03

À l'aide de la règle graduée, placer des épingles à l'endroit de la pose des poches. Épingler les poches puis les piquer à 3 mm du bord.

POSER UNE POCHE PLAQUÉE

Il existe différentes manières de coudre les poches. À vous de choisir !

01

Piquer l'extérieur de chaque triangle dans la continuité de la piqûre des côtés de la poche. Chaque triangle doit mesurer au moins 2 cm de hauteur sur 1 cm de large.

02

Réaliser un point arrière sur 1,5 cm environ au début et à la fin de la piqûre. Appuyer sur le bouton « marche arrière » de la machine. Superposer exactement les deux passages de la piqûre pour que le résultat soit discret.

03

À l'aide de la règle graduée, placer des épingles à l'endroit de la pose des poches. Épingler les poches puis les piquer à 3 mm du bord.

04

Commencer et arrêter la piqûre de la poche par un point arrière, puis régler la machine sur le point zigzag étroit de 3 mm de large. Repasser au point zigzag sur la hauteur de la piqûre au point arrière.

05

Régler la machine sur le point de surpiqûre triple et piquer le contour de la poche. Il est inutile de faire quelques points arrière en début et en fin de piqûre.

26 POSER UN COL

Ajouter un col à une chemise est moins compliqué qu'il n'y paraît.

01

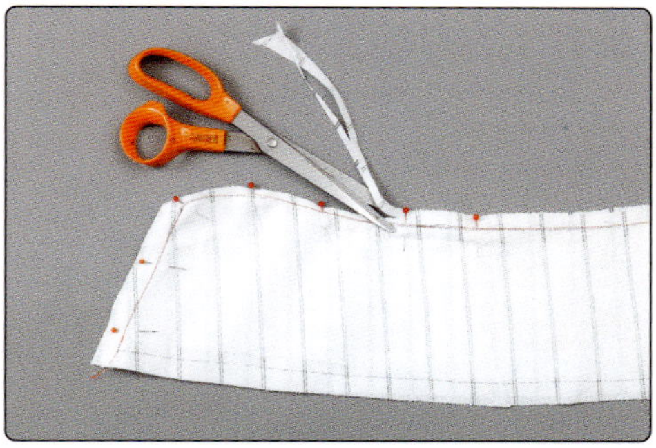

Superposer les deux parties du col, tissus endroit contre endroit. Épingler les côtés et le haut de cette pièce. Piquer à 1,5 cm des bords. Recouper les marges de couture à 5 mm et cranter les angles. Retourner le col sur l'endroit.

02

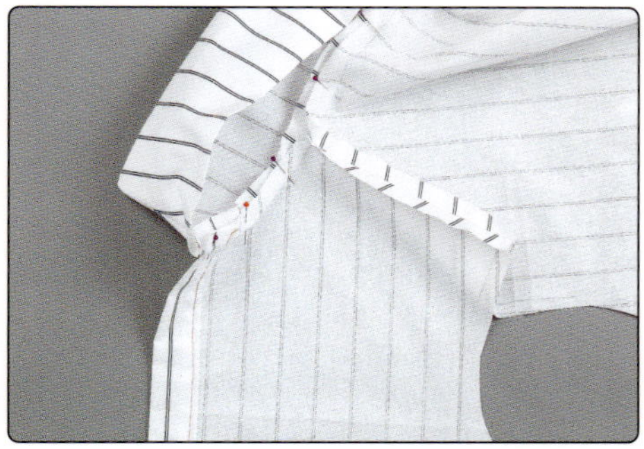

Centrer puis épingler le premier bord du col sur l'encolure de la chemise, tissus endroit contre endroit. Piquer la première épaisseur du col. Recouper la marge de couture à 5 mm de la piqûre.

03

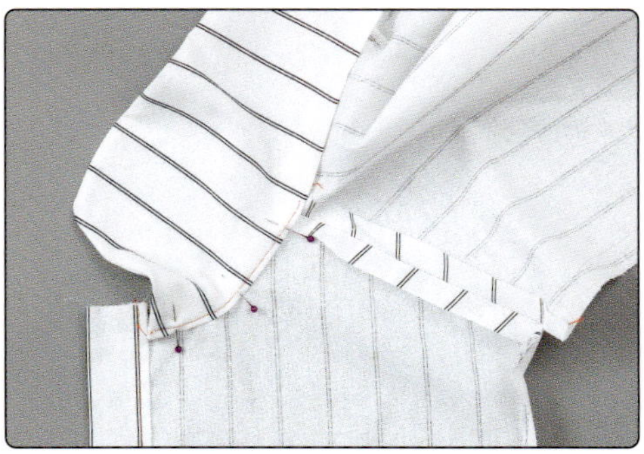

Former un repli de 1,5 cm sur le bord de la seconde épaisseur du col, épingler et piquer. Prendre le haut des parementures dans cette couture.

04

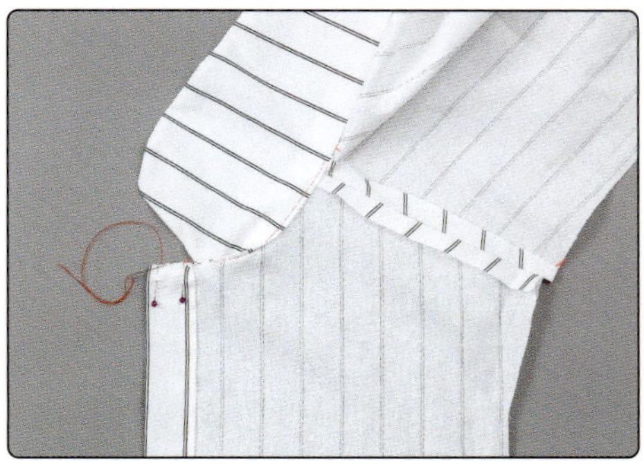

Replier vers l'intérieur le haut des parementures dans l'alignement de la base du col. Faire quelques points glissés pour les fermer.

POSER UN THERMOCOLLANT

Ce type de matériau évite l'ancienne pose de l'entoilage qui se fait à la main.

Épingler le patron de la pièce sur la partie non encollée du voile et relever le contour au crayon à papier. Couper la forme 3 mm à l'intérieur du tracé. Ainsi découpé, le voile n'ajoutera pas d'épaisseur à la couture d'assemblage.

Poser le voile au dos de la pièce de tissu, côté colle sur l'envers du tissu. Régler le fer sur coton. Repasser du centre vers les extérieurs de la pièce, ne pas faire glisser le fer mais l'appliquer quelques secondes puis le déplacer par applications successives. Laisser refroidir complètement avant de procéder à l'assemblage.

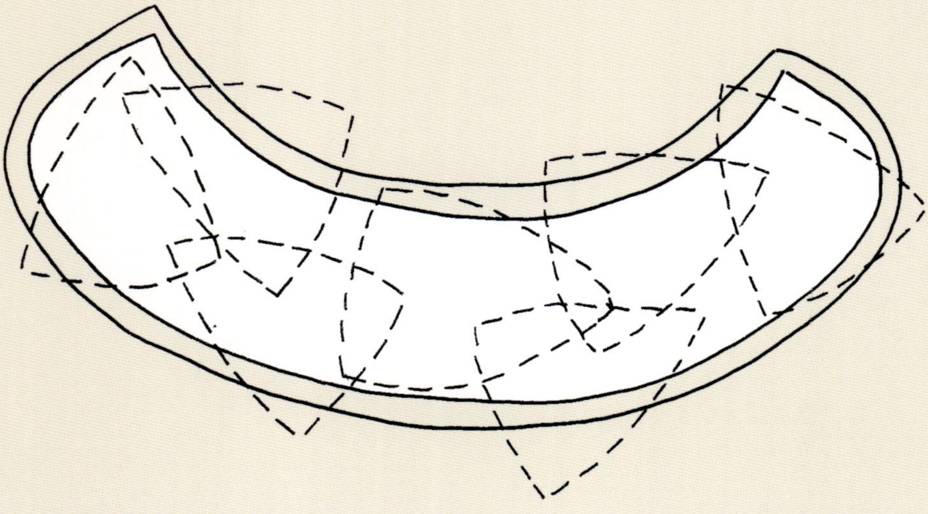

ASTUCE

En cas d'erreur de pose ou de plis sur le voile ou le tissu, il suffit de poser à nouveau le fer durant quelques secondes sur la partie à rectifier. Lorsque les résines sont chaudes, soulever le voile, qui se décolle alors facilement, et rectifier la pose.

27 RÉALISER UNE COULISSE

La coulisse est un large ourlet ouvert à chaque extrémité dans lequel on glisse un cordon. Ce dernier permet d'ajuster un vêtement autour de la taille pour les jupes et les pantalons et évite la pose de fermeture à glissière, de boutonnières ou d'agrafes.

01

Réaliser un premier repli de 1 cm et un second de 4 cm. Épingler puis bâtir ce large ourlet.

02

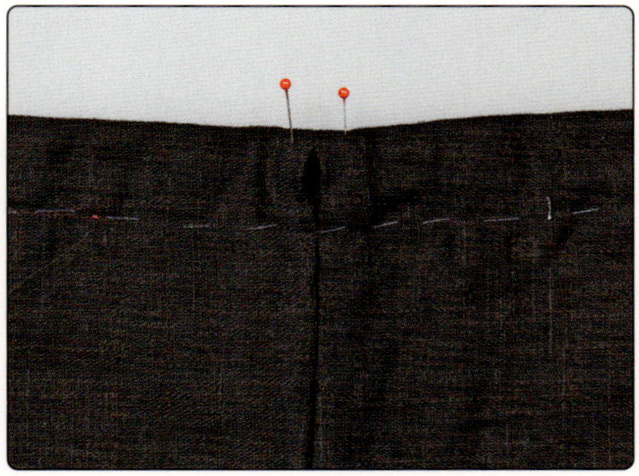

Sur l'endroit, laisser la hauteur de la coulisse ouverte au niveau de la couture de devant. C'est par cette ouverture que passera le ruban.

03

Piquer le bas de la coulisse à 5 mm du bord de l'ourlet. Bâtir le haut de la coulisse.

04

En haut de la coulisse, piquer également à 3 mm du bord. Faire un tour complet. Ôter les deux rangées de bâti. Retourner sur l'endroit.

05

Glisser une tresse plate dans la coulisse à l'aide d'une épingle de sûreté. Répartir les fronces du tissu. Nouer le ruban en ajustant la ceinture.

LE CONSEIL

Pour faire passer facilement un cordon ou un élastique dans une coulisse, fixez une épingle de nourrice à une extrémité. Cela vous aidera à faire avancer le cordon.

ASTUCE

Il existe différentes finitions pour les coulisses.

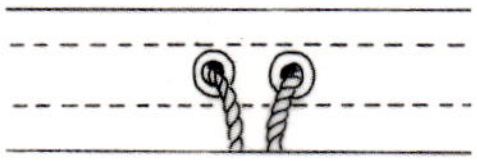

Avant de plier le haut de la ceinture pour former la coulisse, poser 2 œillets en métal devant, au centre. Le diamètre des œillets doit être de 2 mm de plus que celui du cordon utilisé.

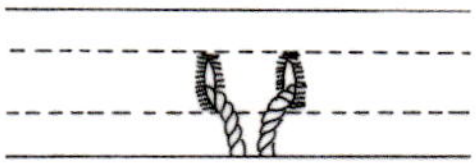

Comme pour la finition précédente, avant de former la coulisse, broder à la machine 2 petites boutonnières parallèles et écartées de 2 cm. Terminer la coulisse en surpiquant de part et d'autre de la hauteur des boutonnières pour guider le cordon.

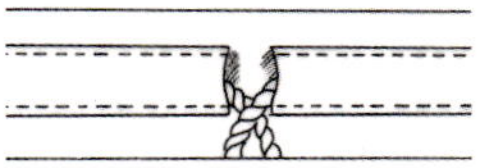

Former l'ourlet du haut du pantalon ou de la jupe, puis épingler un ruban sur cet ourlet en centrant les extrémités de ce dernier au centre du devant du vêtement, en laissant entre elles un espace de 1 à 2 cm. Piquer le haut et le bas du ruban à 2 mm des bords. Glisser le cordon dans la coulisse ainsi formée.

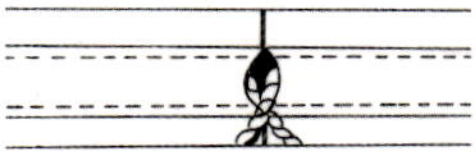

Réaliser la même montage que pour la finition précédente mais situer l'ouverture sur le côté du vêtement. Laisser les extrémités du ruban bord à bord. Cette finition est réservée plutôt à des tissus fins.

28 POSER UNE FERMETURE

Choisissez une fermeture à glissière 3 cm plus longue que la hauteur de la fente d'ouverture. Placez le pied spécial « fermeture invisible » sur la machine. Son bord soulève la spirale des dents pendant la couture et, sur l'endroit du vêtement, seule une ligne de piqûre est visible.

01

Ouvrir la fermeture puis, sur l'envers, épingler un de ses rubans sur un côté de l'ouverture et l'autre ruban sur l'autre côté en cachant les mailles de la fermeture sous les bords du tissu. Bâtir.

02

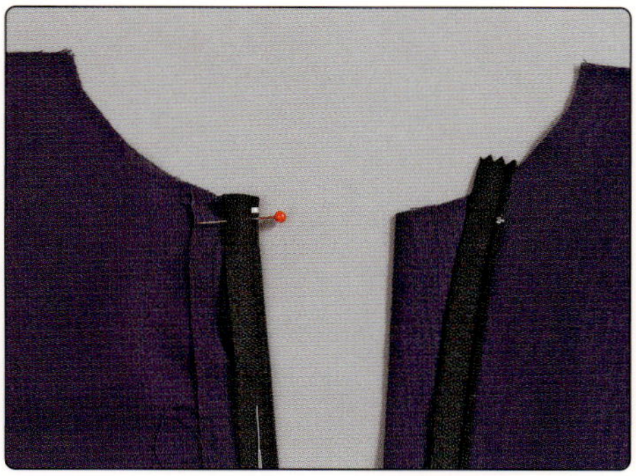

Dans le cas de la pose d'une fermeture au dos d'une robe par exemple, rabattre en haut vers l'intérieur, le long du col, l'excédent de ruban. Bâtir pour maintenir en place.

03

Sur l'endroit, avec un fil de bâti, faufiler les deux bords du tissu pour vérifier que les deux rubans de la fermeture sont bien posés en vis-à-vis. Ôter ce faufil avant la piqûre définitive.

04

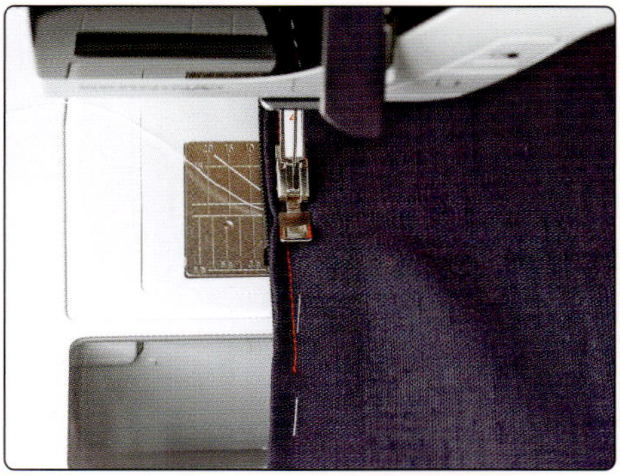

Placer le pied ganseur sur la machine, ouvrir la fermeture et positionner le travail de telle façon que la glissière se trouve à gauche. Piquer au plus près de la fermeture.

05

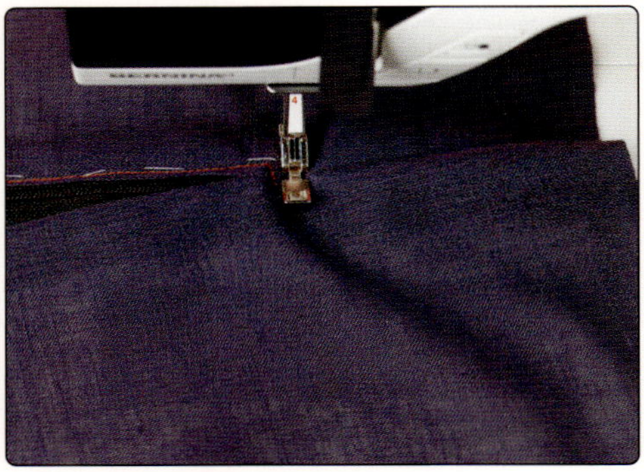

En bas de la fermeture, laisser l'aiguille piquée dans le tissu, soulever le pied ganseur, faire pivoter le tissu et piquer en travers de la fermeture puis faire pivoter à nouveau le tissu et reprendre la couture sur l'autre partie de la fermeture.

LE CONSEIL

Le pied ganseur permet de piquer au plus près de la fermeture.
Il se positionne soit à droite, soit à gauche de l'aiguille en fonction du positionnement de la fermeture.

ASTUCE

La fermeture à glissière est également vendue au mètre.
C'est très pratique dans le cas de vêtements largement ouverts comme les combinaisons de travail. Achetez avec votre fermeture le curseur et les arrêts correspondant à la largeur des mailles de la fermeture. Fixez-les sur la fermeture à l'aide de pinces plates.

29 RÉALISER UNE BOUTONNIÈRE

Les machines à coudre proposent différentes formes de boutonnières à broder horizontalement pour les tissus épais ou verticalement pour les tissus plus légers. La longueur de la boutonnière, quelle que soit sa forme, correspond au diamètre du bouton plus 2 mm.

01

Fixer le pied boutonnière sur la machine à coudre et régler la taille des boutonnières en fonction du diamètre des boutons. Régler le point sur la machine et réaliser une première boutonnière sur un échantillon.

02

Sur l'ouvrage, marquer la boutonnière d'un repère au crayon à papier. Broder le premier bord de la boutonnière à la longueur désirée.

03

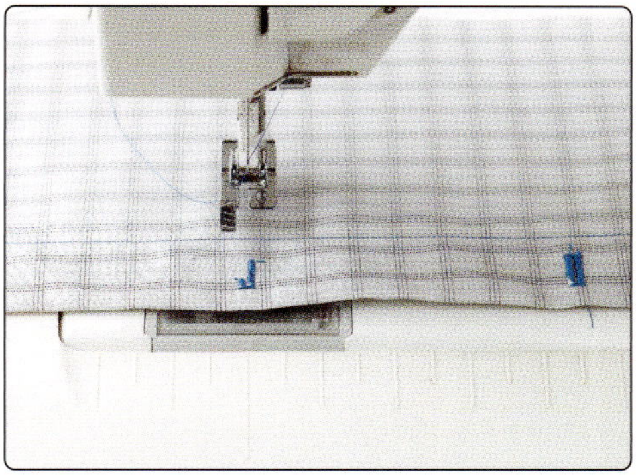

Sur certaines machines à coudre, il faut faire pivoter le tissu pour broder l'autre partie de la boutonnière. Pour cela, laisser l'aiguille piquée dans le tissu, soulever le pied presseur et tourner le tissu.

04

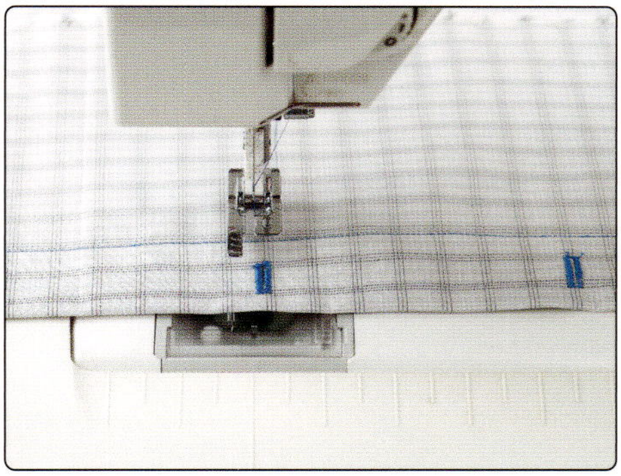

Finir la boutonnière par quelques points en travers de cette dernière.

05

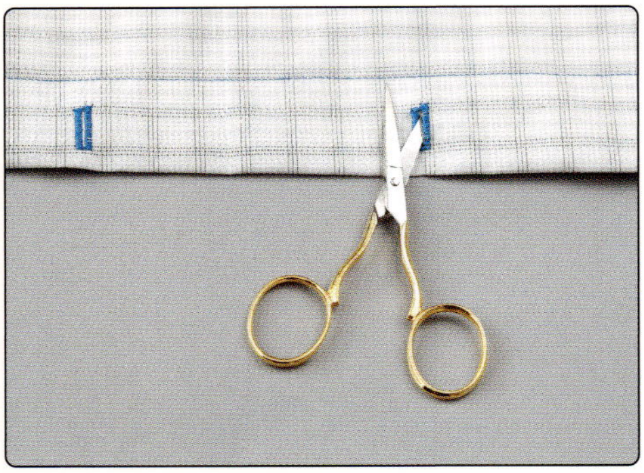

Ouvrir la boutonnière avec des ciseaux fins. Piquer la lame au centre de la boutonnière et couper le tissu qui se trouve entre les deux rangées de point de bourdon.

LE CONSEIL

Pensez toujours à réaliser un échantillon pour vérifiez que le bouton passera bien dans votre boutonnière.

LES POINTS

LE PIED PRESSEUR

ASTUCE

Il existe **un pied presseur spécial boutonnière** que l'on peut adapter à la taille du bouton. Sur certaines machines, il est même possible d'introduire le bouton dans la crémaillère du pied. La longueur de la boutonnière est ainsi automatiquement adaptée au diamètre du bouton.

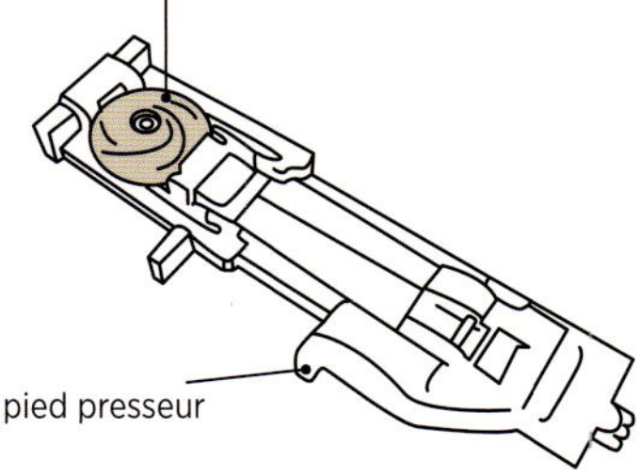

POSER DES ATTACHES

Ne négligez pas les attaches lors de la confection d'un ouvrage. Elles donnent la touche finale à votre travail. Choisissez-les ton sur ton pour un rendu discret ou optez pour une autre couleur pour jouer la carte de l'originalité.

POSER UN BOUTON PLAT

Cette technique est utilisée pour fermer les vêtements de lainage épais comme les vestes et les manteaux. La queue créée sous le bouton prend en compte l'épaisseur du vêtement et donne de l'aisance au boutonnage.

01

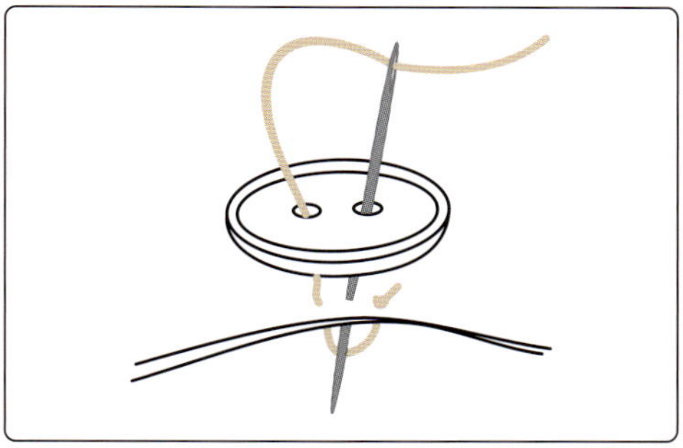

Former un nœud à l'extrémité de l'aiguillée et piquer vers l'envers puis vers l'endroit du tissu, là où coudre le bouton.

02

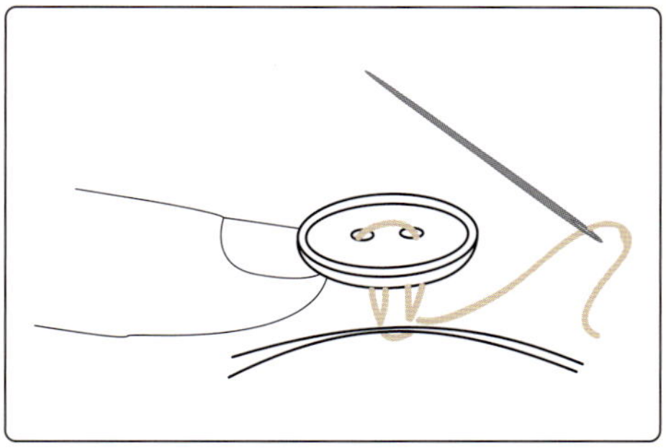

Réaliser un premier point sans serrer le bouton sur le tissu (glissez le bout du doigt sous le bouton). Piquer plusieurs points pour fixer le bouton. À la fin, sortir l'aiguillée sur le dessus du tissu.

03

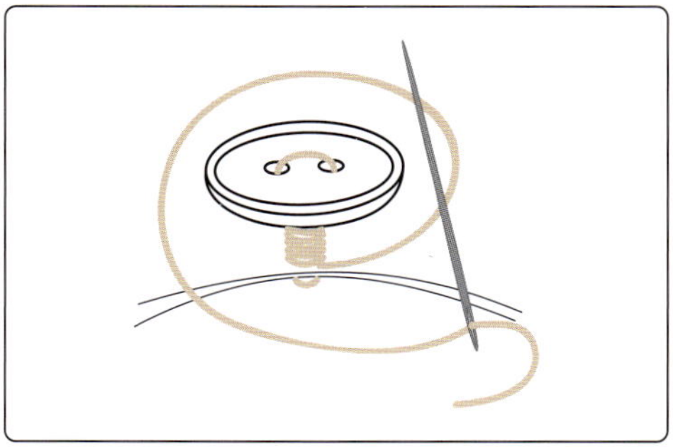

Enrouler le fil autour de la queue du bouton, du haut vers le bas. Au dernier tour, glisser l'aiguille dans la boucle de fil et tirer fort.

04

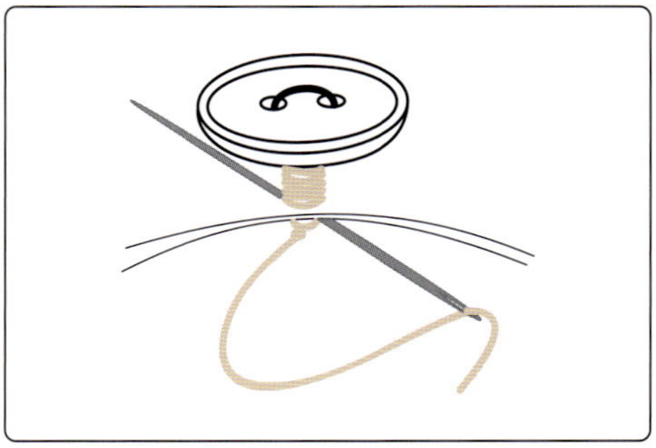

Piquer l'aiguille dans le tissu au pied de la queue du bouton. Sur l'envers, faire un nœud ou 2 points arrière dans les fils des points de fixation. Ressortir l'aiguille sur le dessus et couper le fil à ras.

POSER UN BOUTON À QUEUE

Ces boutons présentent un relief bombé très décoratif, sur une chemise par exemple.

01

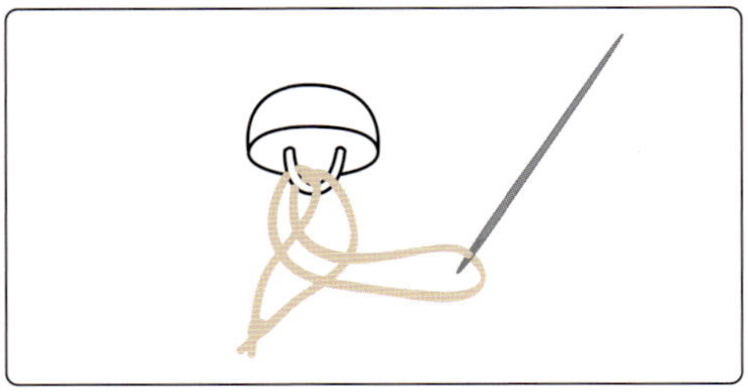

Faire un nœud au bout d'une aiguillée de fil double. Passer le fil double dans l'anneau du bouton, glisser l'aiguillée dans la boucle de fil et tirer pour attacher le bouton au fil.

02

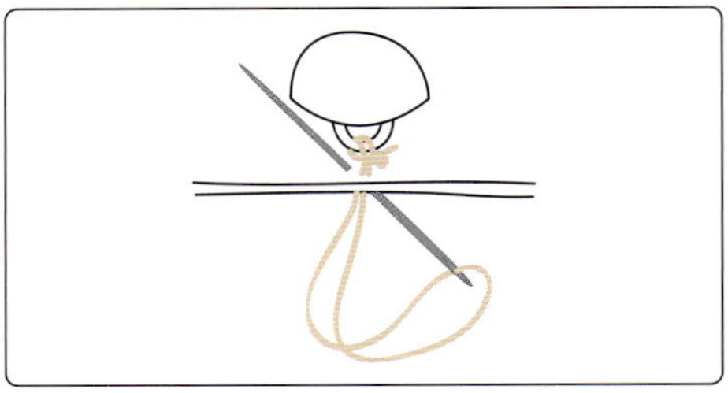

Placer le bouton sur le dessus du tissu et piquer plusieurs points de fixation en passant dans l'anneau du bouton. Terminer comme pour la couture du bouton plat.

POSER UNE PRESSION

Les pressions présentent une partie mâle et une partie femelle qui s'emboîtent. La partie mâle se coud en premier sur l'intérieur de l'ouverture du vêtement. La partie femelle se coud en vis-à-vis sur l'endroit de la face intérieure.

01

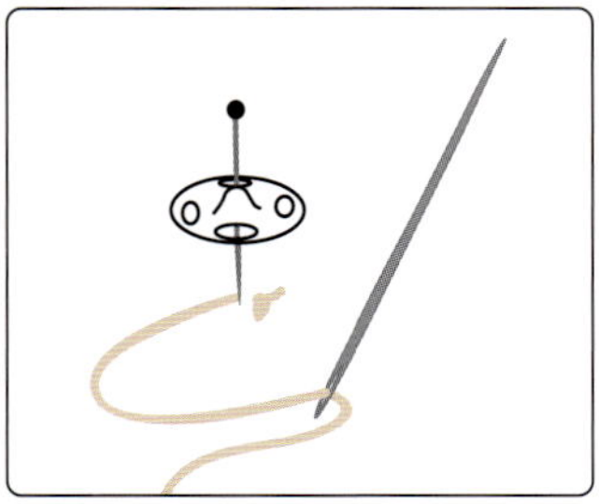

Faire un nœud sur l'aiguillée et réaliser un petit point sur l'endroit du tissu au centre du point de fixation de la pression. Planter une épingle à tête au centre de la partie mâle et fixer dans le tissu.

02

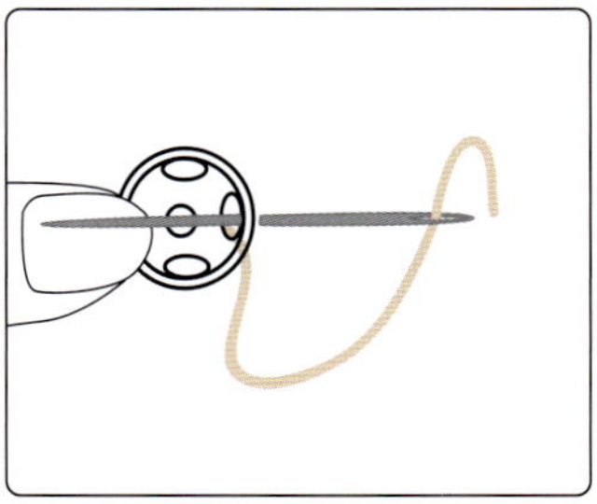

Former un premier point en piquant dans le tissu et sans tirer complètement l'aiguillée. Repasser l'aiguille dans la boucle et tirer sur le fil. Réaliser plusieurs points dans chaque encoche évidée.

03

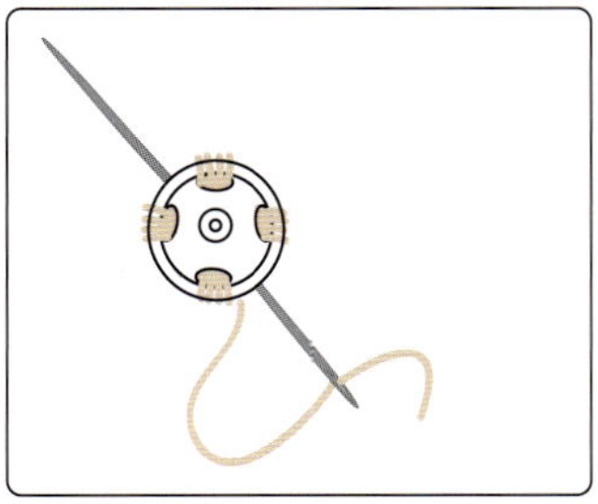

Piquer sous la pression. Ressortir la pointe de l'autre côté de la pression. Faire un nœud, le glisser sous la pression en passant l'aiguillée à nouveau par-dessous et couper le fil.

31 POSER UN BIAIS DE PROPRETÉ

La bande d'encolure ou biais de propreté permet d'ajouter de jolies finitions aux vêtements.

01

Ouvrir le biais, le placer sur l'envers du tissu et le positionner bord à bord. Épingler et piquer dans le creux du premier pli.

02

À chaque extrémité de la pièce, rabattre 1 cm de biais vers l'intérieur de ce dernier. Épingler.

03

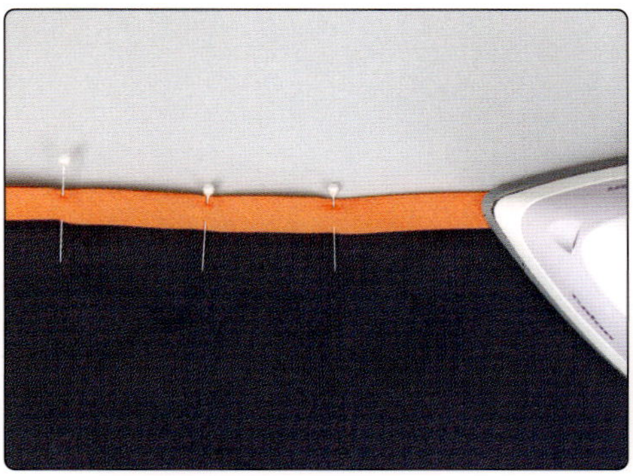

À l'aide de la pointe du fer, replier le biais en le rabattant vers l'endroit du tissu. Épingler.

04

Piquer le biais à 2 mm du bord de ce dernier. Au départ de la couture, réaliser 3 ou 4 points arrière pour renforcer la piqûre.

05

Coudre la parementure sur l'envers de la veste, en piquant juste à côté du biais.

06

Rabattre au fer un ourlet de 3 cm au bas des manches et de la veste.
Épingler puis piquer juste sous le biais.

07

Poser du biais sur les bords des parementures col et devants, sur les marges de couture des côtés et en bas de la veste et des manches. Couper les morceaux de biais en fonction de la longueur du bord à recouvrir. Ajouter 2 cm pour les finitions.

32 PRENDRE DES MESURES

Pour choisir la taille du patron adaptée, commencez par prendre les mensurations de la personne pour qui vous cousez. Consultez le tableau au verso pour les comparer et choisissez la taille la plus proche.

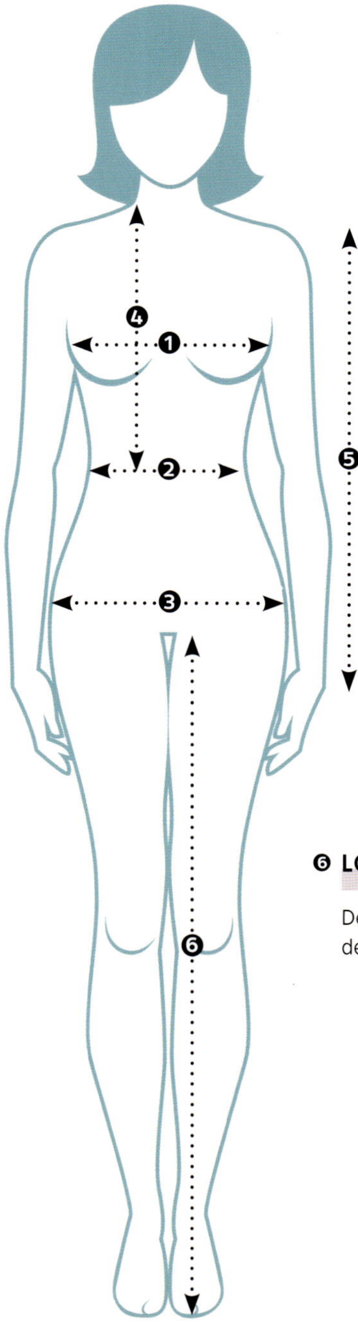

❶ TOUR DE POITRINE

Mesurer le tour de poitrine sur la partie la plus saillante, le mètre à ruban parallèle au sol. Laisser de la souplesse au mètre, il ne doit pas serrer.

❷ TOUR DE TAILLE

Mesurer le tour de taille sur la partie la plus creuse, le mètre à ruban parallèle au sol. Laisser de la souplesse au mètre, qui ne doit pas serrer.

❸ TOUR DE HANCHES

Mesurer le tour de hanches sur la partie la plus arrondie, toujours le mètre à ruban parallèle au sol et en laissant de la souplesse.

❹ HAUTEUR DE BUSTE

Debout, mesurer la longueur du cou à la taille.

❺ LONGUEUR DE BRAS

Bras fléchi à 45°, mesurer la longueur de l'épaule au coude et ensuite de l'épaule au poignet.

❻ LONGUEUR D'ENTREJAMBE

Debout, de côté, mesurer la longueur de la hanche à la cheville.

TABLEAU DES MENSURATIONS

Toutes ces mesures prises, référez-vous au tableau des mensurations pour connaître la taille.

La personne peut se situer entre deux tailles, choisissez alors la taille supérieure car il est plus facile d'ajuster en prenant un peu plus de valeur de couture que d'avoir un vêtement trop serré. Pour bien choisir la taille de patron, fondez-vous sur le tour de poitrine pour le haut du vêtement et sur la mesure du bassin pour le bas. Après la coupe des pièces dans le tissu, montez le vêtement au point de bâti. Faites un essayage pour vérifier que la taille choisie correspond bien à la morphologie.

	S		M		L	
	T 36	T 38	T 40	T 42	T 44	T 46
Tour de poitrine	84	88	92	96	100	104
Tour de taille	66	70	74	78	82	86
Tour de hanches	90	94	98	102	106	110
Longueur de bras	59	60	60	61	61	61
Longueur d'entrejambe	102	103	104	104	105	105

NOTEZ VOS MENSURATIONS

1. Tour de poitrine ....
2. Tour de taille ....
3. Tour de hanches ....
4. Hauteur de buste ....
5. Longueur de bras ....
6. Longueur d'entrejambe ....

33 LES PATRONS À TAILLE RÉELLE

Les patrons à taille réelle proposent toutes les pièces de la réalisation. Chaque taille est représentée par un trait précis. Il suffit alors de décalquer les contours sur une feuille de papier à patron.

Les modèles sophistiqués sont présentés à taille réelle sur les planches. Repérez les pièces à décalquer. La référence des pièces est indiquée sur le plan de coupe. Relevez les pièces sur une feuille de papier de soie.

01

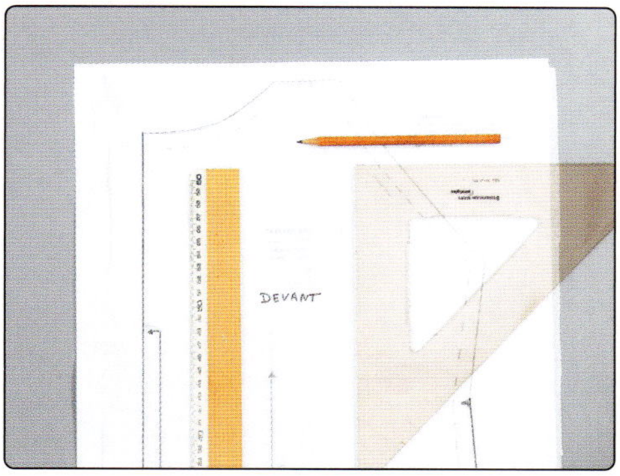

Poser le papier de soie sur le patron et le maintenir en place avec du ruban adhésif placé sur les bords. Relever le tracé à l'aide d'une règle et d'un crayon à papier. Employer le pistolet pour relever les courbes.

02

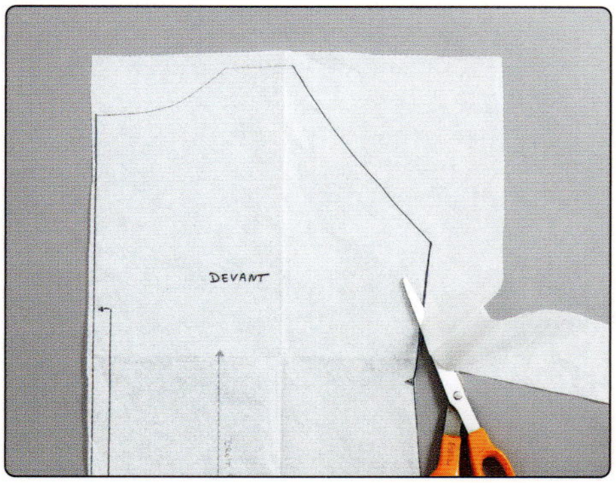

Indiquer tous les repères de montage ainsi que le nom des pièces. Couper les pièces sur le tracé en prenant soin de ne pas déchirer le papier de soie.

ASTUCE

Il faut parfois penser à ajouter des marges de couture sur certains patrons. La dimension des valeurs de couture est indiquée dans les explications du patron. À l'aide de la règle, tracer des traits parallèles à ceux du contour.

LES PATRONS À REPORTER

Les patrons des modèles simples sont proposés sous forme de schémas cotés. Chaque carré de schéma coté correspond à 5 cm sur le papier quadrillé.

01

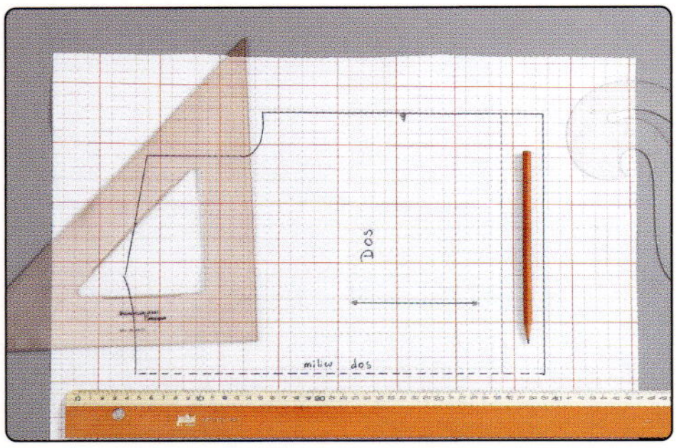

Maintenir une feuille quadrillée sur une table par du ruban adhésif fixé aux angles. Reporter le tracé du patron. Suivre les indications de mesures et le nombre de carreaux indiqué.

02

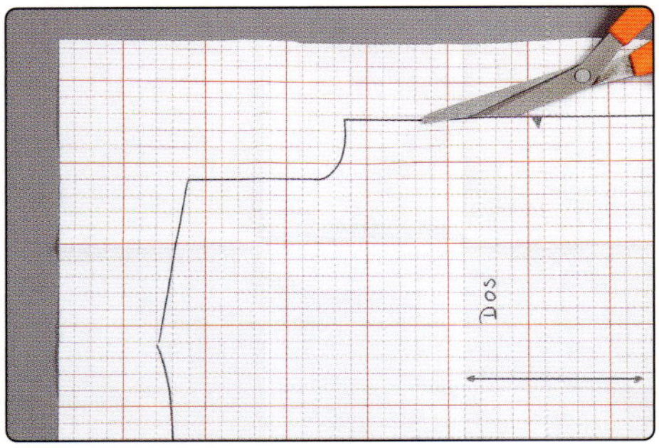

Ne pas oublier d'indiquer les repères de montage, le nom de la pièce ou son numéro, le droit-fil et éventuellement les lignes de pinces ou de plis avant de commencer à couper.

LES SYMBOLES

Les symboles que l'on retrouve sur chaque pièce donnent des indications indispensables à la confection. Ces symboles sont universels et on les retrouve sur la plupart des patrons.

ligne de pliure

pliure milieu pièce

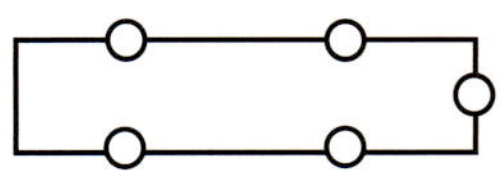

pli

droit-fil

pince

fermeture à glissière

repère montage couture

boutonnière

34 LE PLAN DE COUPE

Pour guider la coupe et utiliser le tissu de façon optimale, un plan de coupe est fourni. En général, la pièce de tissu est pliée en deux, tissu endroit contre endroit, en superposant les lisières.

Placez les pièces du patron en fonction des indications de sens et de positionnement du plan de coupe. Laissez, au minimum, 3 cm de tissu entre les pièces pour les marges de coupe. Veiller à placer les pièces du patron dans le droit-fil du tissu ou bien dans le biais comme l'indique le sens de la flèche.

SUR UN TISSU PLIÉ ?

Poser certaines pièces du patron sur lesquelles est indiqué « pliure » le long de la pliure du tissu permet d'avoir une pièce entière alors que le patron ne représente que la moitié de la pièce. Ce sont les premières pièces à disposer, les autres sont ensuite agencées autour.

SUR UN TISSU NON PLIÉ ?

Lorsqu'une pièce est à couper une fois, elle est disposée sur un schéma à côté. Elle est à tracer sur le tissu déplié en simple épaisseur.

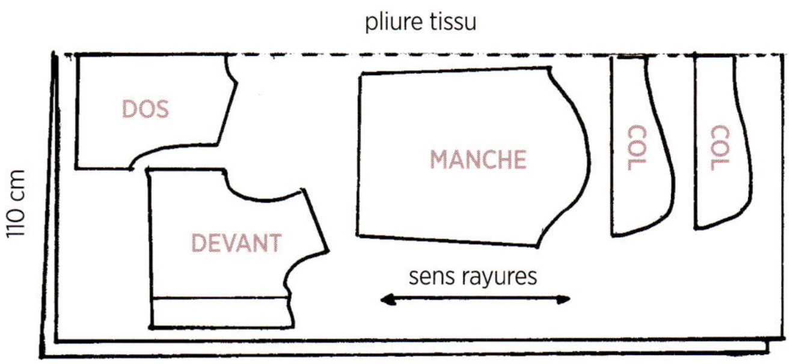

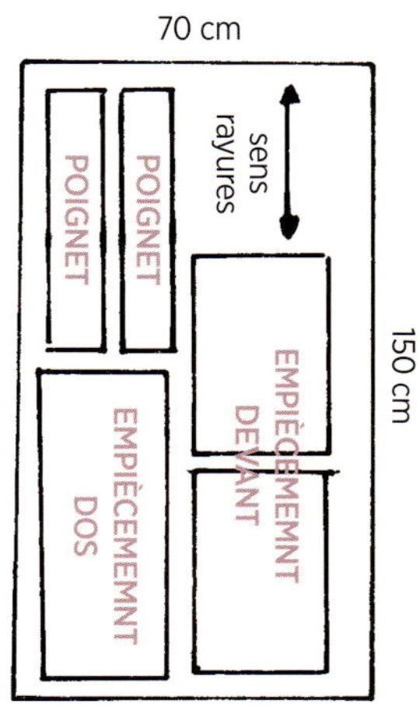

UN PETIT TRUC MALIN

Pour les tissus avec sens – velours, imprimé, fausse fourrure... –, vérifiez que toutes les pièces sont dans le sens indiqué sur le schéma de placement. Dans le cas des tissus à carreaux, vérifiez que les rayures horizontales et verticales sont aussi bien coordonnées dans la largeur que dans la longueur. Avec ces tissus, il faut prévoir un métrage un peu plus grand que ce qui est indiqué sur le patron. Les pièces du patron ne pouvant pas s'imbriquer, les chutes sont plus importantes.

REPORTER LE PATRON 34

Avant de commencer le traçage, repassez le tissu pour effacer toute trace de pli avant la coupe et pliez-le en deux dans le sens de la longueur, endroit contre endroit, lisière contre lisière.

01

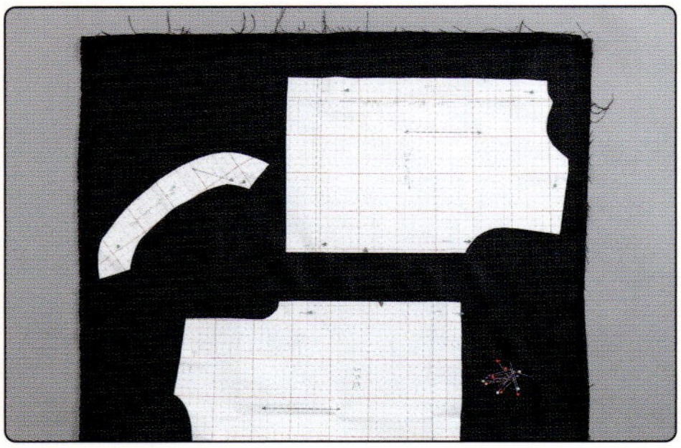

Placer les pièces du patron en fonction de l'indication droit-fil. Épingler ensemble le papier du patron et le tissu, en prenant les deux épaisseurs de tissu quand ce dernier est plié en deux.

02

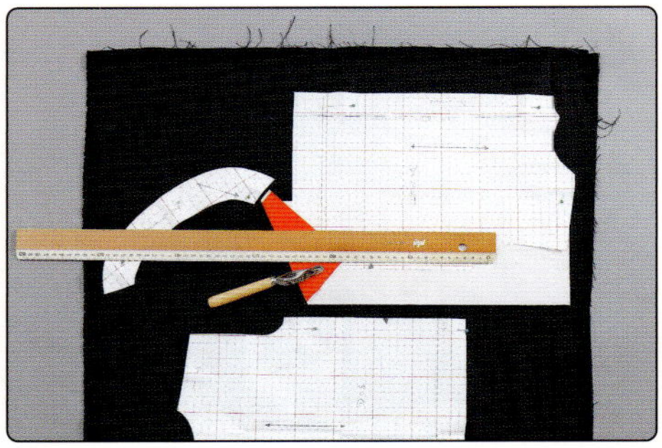

Relever les contours des pièces à la craie tailleur. Ne pas oublier de tracer les repères indiqués sur le patron : pinces, repères, ourlets, lignes de parementures, etc.

03

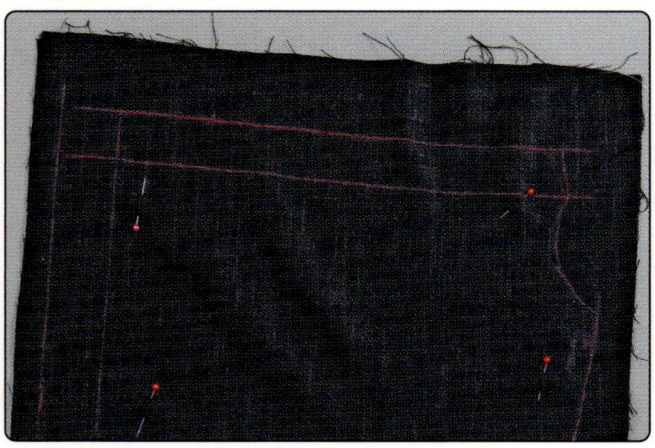

Tailler les pièces à 1,5 cm du tracé, sauf indication contraire précisée dans les explications.

04

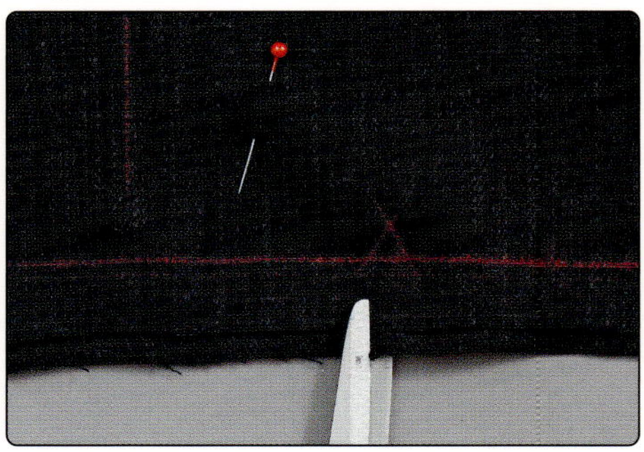

Une fois les pièces coupées, ôter les épingles et déplier les pièces. Ensuite, à l'aide de la pointe des lames de ciseaux, reporter les indications de repères sur le contour des pièces en formant des crans.

35 DISPOSER UN PATRON SUR UN TISSU À CARREAUX

Pour qu'une fois le vêtement terminé les rayures du tissu soient raccordées entre le dos et le devant, il faut prendre soin de fixer un repère sur une rayure importante du motif et de caler le bas du patron dos et celui du devant sur cette rayure.

Dans le cas de rayures imprimées, vérifier que les patrons sont bien placés droit-fil. Dans le cas contraire, il faut décaler les pièces symétriquement afin de les repositionner dans le droit-fil. Toutefois, l'effet esthétique risque d'être gâché à cause de ce défaut. Il est conseillé d'acheter plutôt des étoffes à rayures tissées.

ADAPTER LA HAUTEUR D'UNE PIÈCE

Si le patron ne correspond pas aux mensurations, adaptez sa hauteur ou la longueur d'une manche, par exemple, en traçant une ligne parallèle à celle du patron original.

01

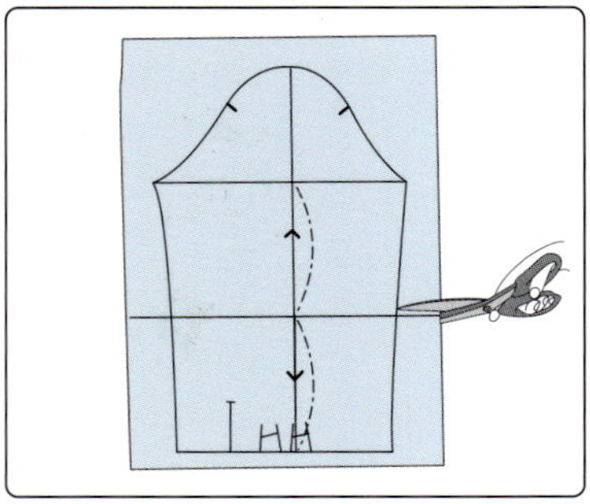

Pour allonger ou raccourcir une manche, tracer une ligne transversale au niveau du coude. Cette ligne divise la manche en deux à parts égales entre le bas de la tête de manche et la ligne d'ourlet initiale.

02

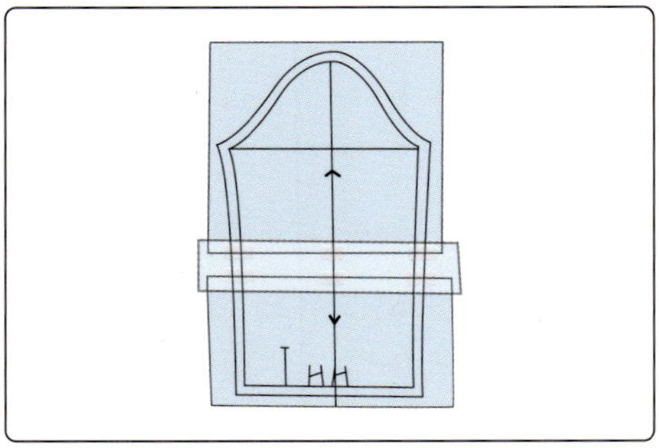

Pour allonger, couper sur la ligne. Ajouter une bande de papier à patron de la valeur à ajouter et fixer avec quelques morceaux de ruban adhésif. Rectifier le tracé des lignes extérieures.

03

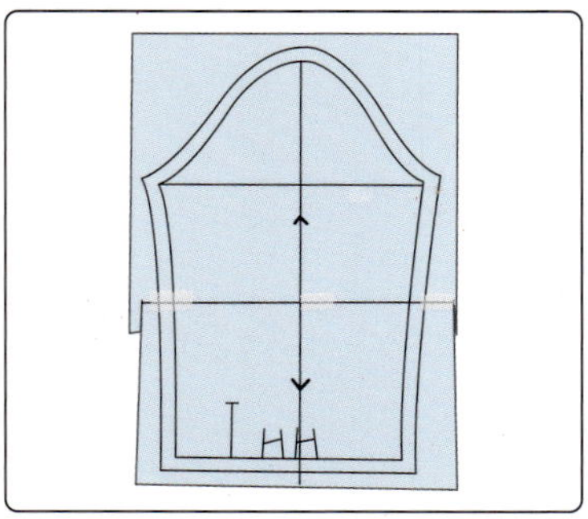

Pour raccourcir la manche, replier le papier d'une hauteur correspondant à celle qu'il faut soustraire. Veiller à ce que la ligne de droit-fil ne soit pas modifiée. Maintenir le pli par quelques morceaux de ruban adhésif.

LONGUEUR DE ROBE OU DE JUPE

Il existe 6 longueurs standard.
La longueur est une affaire de goût mais aussi de morphologie. Le plus simple pour trouver la longueur adaptée est d'essayer… et surtout de ne pas se laisser influencer par la mode.

mini-jupe

dessus genou

genou

sans genou

au mollet

longue

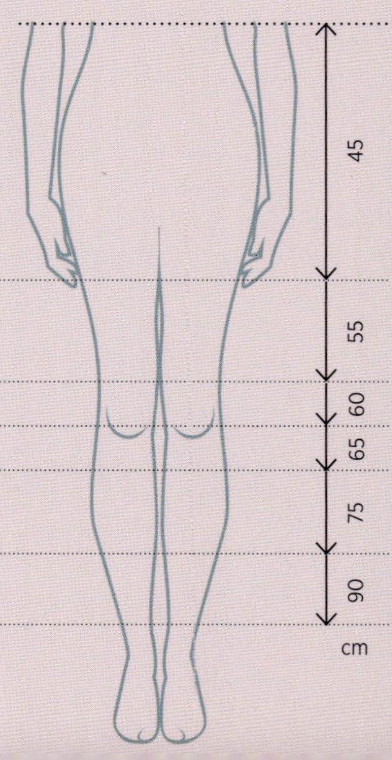